佐藤 優
Masaru Sato

賢人たちのインテリジェンス

ポプラ新書
266

まえがき

国際秩序が大きく変化している。

2022年2月24日にロシアがウクライナに侵攻した。この戦争から2年半以上が経ったが、いまだ停戦の兆しが見えていない。当初、多くの国際政治学者や軍事専門家が、初戦においてロシアが優位になっても、西側諸国が制裁を実施すれば、経済的に大打撃を受けたロシアは瓦解すると予測していた。しかし、その予測は完全に外れた。ロシアの軍事的優位は崩れていない。制裁の結果、ロシア経済は自給自足体制を整え、強靱化した。ロシアは食料とエネルギーを自給することができる。そのような国家を経済制裁によって瓦解させることができるという発想自体が間違っていたのだ。

国際関係を見る場合に、「正しい」「間違っている」と「強い」「弱い」は分けて考えなくてはならない。武力紛争が起きた場合、私たちは、正しい国に勝ってほしいと思う。しかし、現実は必ずしもそうならない。正しい国であっても弱ければ勝てない。間違っている国であっても強ければ勝つのだ。

また、正しい、間違っているという判別が難しくなってしまう事例も少なくない。ガザ紛争がその一例だ。パレスチナ自治区のガザ地区を実効支配しているのは、イスラム教スンナ派武装組織のハマスだ。23年10月7日にハマスがイスラエルを攻撃し、多くの死傷者が発生した。ハマスはイスラエルから200人近くの人質を取った。そのうち数十人が現在もハマスに拘束されていると見られている。本件に関し、イスラエルは被害者で、ハマスは加害者だ。ちなみにハマスの構成員の大部分がパレスチナ人だ。しかし、イスラエルによる掃討作戦の過程で、パレスチナに対する同情が高まり、イスラエルが悪と見なされるようになった。パレスチナ人の死者が3万人を超え、いくらテロリスト掃討作戦であっても、イスラエルのやり方は均衡を失するという主張が欧米では主流になりつつある。ハマスは、一般のパレスチナ人を「人間の盾」にして戦う。そのために犠牲者が増えるのである。イスラエルからすれば「人質を解放するために、これ以外にどのような手段があるというのだろうか。あるならば教えてくれ」ということになるのだが、国際世論は、論理ではなく、感情によって動く。

ロシア・ウクライナ戦争、ガザ紛争によって、再び戦争が日常の風景になった。日本においても「新しい戦前」という言葉がリアリティーを持つようになった。「新しい戦前」を「新しい戦中」にすることを阻止するのが私たちの課題だ。そのためには、東アジアでの平和を維持することを、日本の第一義的国益にしなくてはならない。アングロ・サクソン（英米）流の人権、民主主義、自由などを前面に押し出すと、その結果、戦争になる危険がある。武力を行使してでも人権と民主主義を守るというアメリカ的価値観から距離を置く必要がある。

19世紀末から20世紀初頭にかけて、列強（大国）は、露骨に自らの国益を追求し、その実現のためには戦争に訴えることすら躊躇しないという帝国主義的色彩を強めた。二度の世界大戦の反省を経て、人類は二度と大規模戦争を起こさないという決意をしたはずだった。しかし、その決意も崩れてしまったようだ。もっともキリスト教的人間観からすれば、このような事態は意外でない。人間は例外なく罪を持つ。罪が形になると悪になる。人間の中に潜む罪が顕在化して、戦争という悪になって現れているのだと思う。

現下の日本を取り巻く情勢は、国家のエゴが剥き出しになった帝国主義時代を髣髴させる。しかし、戦争だけは絶対に起こしてはいけない。そのための知恵が本書には多々盛り込まれている。

本書には、私と日本の第一線で活躍する有識者や高度専門家の対談が収録されている。そこには、数学者、哲学者、社会学者、精神科医、ロボット工学者など、さまざまな人々が含まれている。本書は、読み物としても面白いが、高度な専門分野について知るための入門書としての役割を果たしている。読者には、専門知へ誘う手引きとして本書を活用していただきたい。

私の対談相手となってくださった人は、誰もが平和を愛している。こういう人々の知性、さらにモラル（道徳）とモラール（やる気）が今後の日本社会を支えていくのだと私は確信している。

2024年9月14日、出張先の札幌のホテルにて、

佐藤 優

賢人たちのインテリジェンス／目次

第1章

吉藤オリィ

――魔王亡きあとの生存戦略

吉藤オリィ

よしふじ・おりぃ

分身ロボット発明家。1987年生まれ、奈良県出身。株式会社オリィ研究所代表取締役所長。分身ロボット「OriHime」、ALS等の重度難病者向けの意思伝達装置「OriHime eye+ switch」、「分身ロボットカフェ DAWN ver.β」などを開発・運営。書籍に『「孤独」は消せる。』『サイボーグ時代』『ミライの武器』など。

バーチャルな世界よりもリアルな世界にどうアクセスし続けるか――吉藤

佐藤　吉藤さんが開発された遠隔操作型分身ロボットOriHime（オリヒメ）は、難病で寝たきりの患者さんを始め、外出困難な方々の孤独の解消を目的として医療機関、学校、企業などで幅広く導入されています。OriHimeという名称も可愛らしいですね。

吉藤　ありがとうございます。ネーミングの由来は、七夕伝説の織姫です。遠い場所にいる織姫、彦星の二人が出会えるイメージが、しっくりくると思いました。ただ私が「オリィ」と名乗っているのでよく間違えられてしまって、それは完全に誤算でした（笑）。

佐藤 OriHimeにはカメラ、マイク、スピーカーが搭載されています。パイロット（OriHimeを操作する人）は、スマートフォンやPCからインターネットを介して操縦をして、その場にいるように会話をしたり、周囲の様子を眺めたりすることができる。

吉藤 はい。両手や頭部を動かして簡単なジェスチャーをしたり、写真を撮ることもできます。

佐藤 『「孤独」は消せる。』を読んで、吉藤さんの発想、行動は、宗教人に近いように思いました。自分が経験した孤独感やコミュニケーションの悩みから始まり、外出困難な方々が抱える様々な問題を、OriHimeという分身を通じて現実的に、具体的に解消していこうとされている。現在は、外出困難な方がOriHimeを遠隔操作して接客サービスを提供する「分身ロボットカフェ DAWN ver.β」も運営されています。理念を現実のものとして実行する姿勢に、非常に感銘を受けました。

吉藤　私はオンラインゲームやメタバースも大好きな人間ですが、研究は常に、人間がリアルな世界にどうアクセスし続けるか、という方向を向いています。というのも、バーチャルな世界においてリアルな世界以上に見いだせるものは、まださほど多くないと思っています。また、そもそものきっかけが、ご紹介いただいたように自分の経験からスタートしていることも大きいです。子どもの頃から身体が弱く、学校にもあまり馴染めなくて、2週間の入院をきっかけに11歳から14歳までの3年半、学年でいうと小学5年生から中学2年生まで不登校になりました。学校に行きたい気持ちはあっても、お腹が痛くなってしまい、外に出ることができないんです。ベッドから動けずにただひたすら天井を眺めながら覚えた強い孤独感と、「学校に行ける身体が、もう一つ別にあればいいのに」という妄想が、今の研究につながっています。

佐藤　妄想は重要ですね。ロボットという概念も、チェコの作家・カレル・チャペックが1920年に発表した戯曲『R.U.R.（Rossum's Universal Robots：

ロッサム万能ロボット会社)』から広まりました。この作品の中で、チャペックは人工生命をロボットと名付けた。またユダヤ教の伝承に登場する自立型の泥人形「ゴーレム」から着想を得たから、ロボットがああいう四角い、ゴツゴツしたイメージになった。

吉藤 『R.U.R.』が書かれなければ「ロボット」という名称ですらなかったかもしれませんよね。

人間と仲良くする努力をするより
仲良くなれるロボットを作ったほうが
早いと思った　——吉藤

佐藤　中学2年生まで学校に通わず、けれどその後、ものづくりに関する非常に大きな出会いがあったと書かれていました。

吉藤　はい。母が応募していた「虫型ロボット競技大会」に出場しまして、そこで久保田憲司先生の作品に出会ったことが、ものづくりに対する大きな転機です。当時久保田先生が教鞭をとられていた奈良県立王寺工業高等学校に入学したいと思い受験勉強を始めたので、不登校からの脱却のきっかけにもなりました。私は人間関係の構築やコミュニケーションは決して得意とはいえないのですが、幸いなことに出会うべき人に出会えるという運の良さはあったと思います。

佐藤　奈良県立王寺工業高等学校では、電動車椅子の研究をされています。

吉藤　こちらも、体調が悪くても学校に通えるようになりたいという自分の問題意識からスタートしたものです。当時開発した「傾かず、かつ段差を登ることができる電動車椅子」はＪＳＥＣ（ジャパン・サイエンス＆エンジニアリング・チャレンジ）で文部科学大臣賞をいただき、その後アメリカで開催された Intel ISEF（インテル国際学生科学技術フェア）でグランドアワード・エンジニアリング部門3位に入賞することもできました。

佐藤 ISEFは世界最大の高校生の科学大会と言われています。

吉藤 そうですね。世界中の素晴らしい研究をしている同世代と話すことができて、非常に刺激を受けました。

佐藤 日本に戻ってスーパー高校生として一躍話題になったのもこの頃ですね。

吉藤 はい。全国高校野球選手権奈良大会の始球式で投手をさせていただいたり、地元の方から様々な相談を受けるようになったりと、いろいろ貴重な経験をさせていただきました。けれどやはり「人間が苦手で怖い」という感覚はなくならず……。「人間はコスパが悪すぎる」という結論に至ります。

佐藤 コミュニケーションという意味で？

吉藤 ええ。人間と仲良くする努力をするよりも、仲良くなれるロボットを作ったほうが早いと思い、人工知能の勉強をするために香川県の国立詫間電波工業高等専門学校（現香川高等専門学校）に編入しました。高校3年のときです。そこで1年ほど人工知能の研究をしたのですが、こちらもほどなくして、自分が目指す「孤独の解消」とは違うと気づきます。自分の思う孤独の解消には、やはり人間と人間のコミュニケーションが必要なのではないかと、改めて思ったんです。そこで初心にかえって分身ロボットの研究をするために早稲田大学に入り、そのタイミングでもう一度、自分も人間とのコミュニケーションに挑戦しようと考えました。

固有名詞を新しく作るという行為は、新しい概念の創造になる　——佐藤

佐藤　吉藤さんはファッションスタイルも独自路線を確立されていますが、このスタイルもその当時から？

吉藤　ええ。リアルなコミュニケーションに苦手意識があることには変わりません。そこでオンラインゲームの感覚で自分のインターフェースを変えることを思いつき、キャラメイキングの一環としてこの〝黒い白衣〟を着るようになりました。

佐藤　セルフブランディングですね。

吉藤　「オリィ」という通称もその頃から使っています。昔から自分の名前に違和感がありました。本名は「健太朗」なんですが、本人はというと「健」康で「太」っていて「朗」らかでは全くありませんから、どうにもしっくりこなくて。

佐藤　「オリィ」は、折り紙に由来するのだとか。

吉藤　子どもの頃から、祖父母に教わった折り紙が大好きだったんです。入院中もずっと折っていて、かつては地元・奈良県の折り紙会の会長を務めました。ちなみに母が「虫型ロボット競技大会」に応募したのも、これだけ折り紙が好きならロボットも作ることができるだろう、と考えたかららだそうです（笑）。この黒い白衣にも折り紙専用ポケットがあり、現在も常に持ち歩いています。そんな感じで大学でも折り紙を持ち歩いていましたら、いつからか「オリィ」という愛称で呼ばれるようになって、気に入って通称に採用しました。

佐藤　固有名詞に着目するところが天才的ですね。先ほどのチャペックの話にも通じますが、固有名詞を新しく作るという行為は、新たな概念の創造です。近代言語学の父と呼ばれるソシュールも、固有名詞だけは記号で意味を還元することができないと言っています。

吉藤 オンラインゲームでもそうですが、名前やビジュアルを変えることで、別人になるのでなく、自分の意識が拡張していける感覚が面白いなと実感しています。

佐藤 固有名詞ということもう一つ、私が非常に影響を受けたチェコの神学者・フロマートカがこう言っています。どんな信仰にも、誰にでも使命というものがある。必ず具体的な固有名詞を伴う神からの呼びかけがある、と。

吉藤 たしかに私は、使命というものを考えることによって生きやすくなりました。きっかけは、先ほど少しお話ししたアメリカの大会ＩＳＥＦです。出会った各国の高校生たちが「この研究をするために生まれてきた」と熱く話すのを聞いて、自分も命の意味や使命について考えるようになったんです。

佐藤　欧米の場合は宗教的なすりこみもあるでしょうね。私もそうです。キリスト教カルヴァン派の「Calling（神の宣告による使命）」という考えが根底にあります。最初に言ったように、吉藤さんに宗教人のような印象を持った理由は、そこにもあるのかもしれない。

吉藤　不登校の頃に外に出られずに天井を眺め続けている時間、あるいは入院中に真っ白の病室の中で一人じっとしている時間は本当に辛く、死が救済だとすら思ってしまう状態でした。その孤独感を解消するために研究を始めて、そして使命を掲げた。全部自分のための研究なんですよね。

　だから「寝たきりの障がい者を救う聖人」のような扱いをされるのはとても苦手ですね。自分の使命を全うするために、現在悩み苦しんでいる彼ら・彼女らに協力を仰いでいるわけですから。

　それに、自分もいつかは身体が動かなくなるときが来ます。私が彼ら・彼女らの後輩になったとき、自分が働ける場がほしいし、自分で自分を介護できるようになっておきたいという気持ちも、常に持ち続けています。

佐藤 わかります。私は2023年の夏に腎臓移植手術をするまでの1年半、余命8年を宣告されながら週に3回の人工透析を行っていました。死については長らく神学でも学び考えてきたけれど、自分が透析室に入って迫ってきたリアリティは別物でした。

いつか身体が動かなくなったときにも
友人を招いてもてなせるような
理想の「寝たきりの家」をデザインしたい

——吉藤

佐藤　吉藤さんは10代で「人生30年」と目標を定め、現在は延長戦というように書かれていましたが、現在の課題にはどんなものがありますか？

吉藤　分身ロボットカフェの先の目標としては、寝たきりでもすべて自分で賄えるホテルを作りたいです。最近は私的な研究として、自宅に介護用ベッドと介護用リフトを導入して、UFOキャッチャーみたいに自分を持ち上げて降ろすことのできるシステムをデザインし始めました。朝もアームで強制的に起こしてもらえるような。というのも、私自身が腰椎分離すべり症になってしまったんです。この黒い白衣は、実は機能にもこだわっていて、パソコンもペットボトルも財布も折り紙も、なんでもポケットに入ります。結果としてかなりの重量を肩で支えているせいで、ついに腰に来てしまいました。

佐藤　そもそも人体の構造として、直立歩行自体に無理がありますしね。

吉藤　ええ。本当は空を飛びたいんです。そろそろ羽を生やそうと思って、3メートルくらいの装着式の羽を買ってはみたんですが、畳めなくて邪魔なんですよね、実際に飛べるわけでもないし。

佐藤 それは厳しいですね。

吉藤 最近、黒い白衣が受け入れられつつあることにも違和感がありますね（笑）。自分に合う人と仲良くなるには、それ以外の人にドン引きされるくらいでちょうどいいと思っているので、黒い羽はなかなかいいアイテムだと思っていたんですが。もっとも実際に空を飛べたとしても、それはそれで腰に負担がありそうなので、だったら寝たまま自在に部屋の中を移動できる、さらにいえば友人を招いてもてなせるような、理想の「寝たきりの家」をデザインしたいなと。

佐藤 理念が頭の中だけで留まらず、次々に具現化していくところが本当に素晴らしいと思います。

吉藤 ものづくりが得意ということもあり、アウトプットは常に意識しています。考えることも嫌いではないんですが、自分のなかだけにあるうちは夢と同じ。ではどうすれば夢が現実になるかといえば、目の前の誰かと同じ物を見て、共有できた瞬間だと思うんです。最初にOriHimeを作ったときの目標は、肉体的にその場にいられない人にも居場所をつくることでした。

大きな目標や使命感がないと無気力に襲われたり自暴自棄になったり声だけ大きい無責任な人間が魅力的に見えたりする　――佐藤

吉藤　居場所――自分がここに居ていい存在であると感じられる場所。それって生きていてもいい、とも同義であって、自殺してしまう人たちは、世界に自分の居ていい場所がどこにもないと感じていると思っています。私もそうでした。所属意識がない状態では、人は長く生きられないのではないかと。

佐藤 私もそう思います。

吉藤 所属意識は、先程お話に出た使命感にもつながりますよね。生きる理由、つまり死なない理由。それはもしかしたら錯覚かもしれないけれど、あったほうがいい、という意識で17歳からやってきました。

ただ現実では「これがミッションだよ」とわかりやすく提示してくれる時代ではなくなっているとも思います。AIや3Dプリンターなどの登場で、ミッションやりたいことよりも、実現する手段のほうが先走っている時代。RPGゲームの『ドラゴンクエスト』で例えてみると、冒険の最大のミッションである大魔王（ラスボス）も余裕で倒せてしまい、もはや王様の命令も村人からのお願いもない時代なわけです。みんなで共有できる、大きな目標がない時代。

佐藤　たしかに。だから無力感に襲われたり、自暴自棄になったり、声だけ大きい無責任な人間が魅力的に見えたりする。

吉藤　多様化し人口も減少する社会、多くの仕事がＡＩに代替される時代では、何をすればよいのかわからなくなってしまう、何もできないような気持ちになってしまうのは当然かと。となると、各々に「魔王亡きあとの生存戦略」が必要だと思っています。そんな時代だけれどもあえて「これが自分のミッションだ」と思える何かを発見すること、新しい価値観を作っていくことは誰にもできると信じています。私自身、苦手とするリアルに接続する手段を模索しながら使命感を持って活動しています。その行動を見て何かを感じてもらえるような研究をしていけたら嬉しいですね。

（対談収録２０２４年４月９日）

自分の中だけにあるアイデアは夢と同じ
目の前の誰かと共有できた瞬間に
現実《リアル》な新しい価値観となる
——吉藤

required reading

『「孤独」は消せる。』サンマーク出版／2017年3月

人は、誰かに必要とされたい。
必要としてくれる人がいて、
必要とする人がいる限り、
人は生きていける。
生き方に、正解はない――。

興味のないことに対しては全く記憶力がなく、先生を困らせる問題児で学校の成績もよくなかった吉藤少年。得意な工作で同級生とはコミュニケーションが取れていたものの、学年が上がると友達はだんだん工作に興味を示さなくなっていき、自分も学校を休みがちに。やっと保健室に登校できても、同じ中学の熱血教師だった父親に「教室に行け」と言われてしまう。そんな3年半の不登校とひきこもりの日々は、劣等感、焦燥感、無力感に苛まれ、耐え難い「孤独」を感じる日々だった。

しかしある日、母親が応募していたロボットコンテストを契機にものづくりの師匠

と出会い、やがて「テクノロジーの力で、人間の孤独を解消する」というミッションを掲げることになる。

集団行動が苦手で教室や教師から逃げ回っていた小学生時代から、さまざまな出会いを経てロボットコミュニケーターとして活動するまでの思考の軌跡を振り返る、希望のドキュメンタリー。

第2章

大屋雄裕

——多様性って本当に寛容ですか?

大屋雄裕

おおや・たけひろ

法哲学者。1974年生まれ。慶應義塾大学法学部教授。東京大学法学部を卒業後、同大学助手・名古屋大学大学院法学研究科助教授・教授等を経て2015年10月より現職。著書に『自由か、さもなくば幸福か?　——二一世紀の〈あり得べき社会〉を問う』『裁判の原点：社会を動かす法学入門』など。

いわゆる東京出身のエリート道から少しずつ外れた道を選んできた結果さまざまな経験と耐性が身につきました ――大屋

佐藤　大屋さんは法哲学がご専門ですが、非常に幅広い視点で社会について考え、かつそれを実社会に還元しようとされている、良い意味でのオーソドックスな知識人なのだと『自由か、さもなくば幸福か？ ――二一世紀の〈あり得べき社会〉を問う』を読んで感じました。最近は大学の先生でも、自分の知識を社会に還元しようという意識のある人が減ってきている気がします。

これは自治省の官僚だったお父さんの影響もあるのでしょうか。自治官僚というのは極めて能力が高く、かつ自分の利益より何が国民のためになるかを真剣に考えている人が多い、稀有《けう》な役所ですから。

大屋　ありがとうございます。たしかに父の影響はあるかと思います。この歳になって思うのですが、私は子どもの頃、父の転勤で5つの小学校に転校しました。そこで東京以外の地方の生活を直に知ることができたのは大きいですね。東京で生まれ育ち、幼少期から受験教育、そして中学高校から同一の集団に属してそのまま大学や役所に入った場合、社会のためになることを考えていても、想定する社会のイメージがどうしても狭くなってしまうと思います。その点でいうと、私は高校も桐朋（東京都国立市）で都心からは少し離れていましたし、東京大学を出たあとも名古屋大学に就職して、法整備支援でアジアの開発途上国にたびたび出張したりと、少しずつ外れた道を歩んできたので、その分いろいろな経験ができて良かったと思っています。

佐藤　開発途上国での支援は面白そうですね。大変なことはありませんでしたか。

大屋　初めてのアジア出張ではだいたいみんな痩せて帰ってくるらしいんですが、私はのほほんと順応していて体重の変動もプラマイゼロ。何キロ痩せるか賭けていた同僚陣がつまらなそうな顔をしていました（笑）。

佐藤　そういった耐性が強いのはいいことです。視野が広いからご本も面白い。

自由な選択を保障したからといって
帰結が多様になるとは限らない
――大屋

佐藤　今回の対談のお題は「多様性」なのですが、なかなか幅広く複雑です。

大屋さんはどのように対峙しておられるか、見解を聞かせていただけますか。

大屋 「多様性」について考えるとき、まず「選択の多様性」と「帰結の多様性」を区別する視点が重要だと思っています。選択の多様性とは、他者による抑制や妨害のない状態で個人が自由な選択をできること。その結果、過度に偏りのない結論が導き出されれば、帰結にも多様性があるといえます。けれども実際のところ、自由な選択を保障した場合、帰結が多様になるとは限りません。

佐藤 たしかに、自由な選択の結果、たった一つの結論になることだってあるわけですからね。特にメディアの機能を加味した場合、どこまでが個人の自由意志による選択なのかわからない。

大屋 環境やロールモデルの欠如が影響する可能性もあります。例えば大学で進学先を選ぶ際、学生の多くが男性で教授も全員男性という学部において、女子学生が積極的に学びたいと思えるかどうか。

佐藤　それがアファーマティブアクション（大学や企業における男女格差の是正など、社会的に弱者とされている人たちを優遇する措置）につながってくる。しかしクオータ制（格差是正のためにマイノリティに割り当てを行うポジティブ・アクションの手法の一つ）などはすでに問題が指摘されています。

大屋　アファーマティブアクションも、格差を是正する上で、例えば対象となる受験者に得点を5点プラスするというような形であれば影響は少ないのですが、クオータ制は場合によって個人の選択が大きく阻害される上に、カテゴリー化されたもの以外がむしろ阻害される可能性があります。さらにアメリカの高等教育におけるアファーマティブアクションは、実質上は黒人に下駄を履かせるためのもので、結果的にアジア人を排除する流れになっていると指摘されています。ジェンダー・クオータで議員などの男女比が1：1になり、じゃあLGBTQはどっちに入れるんだみたいなことを言い始めると、むしろ排除される結果を生みかねない。

何をもってグローバルスタンダードとするのか、という観点も忘れてはいけない——佐藤

佐藤　公にはされていなかったけれども、旧ソビエトではユダヤ人のクオータ制がありました。ユダヤ人は非常に限られた人数しか高等教育機関に入れなかった。

大屋　法哲学は一時期、ユダヤ人が言ったことをユダヤ人が批判する学問といわれていました。というのも、同じような事情だと思うんですが、戦前のドイツでもユダヤ系は公職につけなかったんですよ。

佐藤　マルクスがユダヤ人問題を書いた頃からの話ですね。

大屋　ええ。法学部を卒業しても政府に入れないユダヤ人たちは、結果、大学に居場所を求めるようになった。20世紀最大の法哲学者の一人ハンス・ケルゼンも、改宗したにもかかわらずユダヤ系という理由で政府に入れず、教員としての道を歩んだと指摘されています。そうして権力から疎外された弱者が集中しがちなセクションというものはいたるところにあり、過剰に目立つことでさらに憎しみを生むような連鎖はあると思います。

佐藤　多様性を語る上では国家統合の問題もあります。特にアメリカの民主党では多様性とアイデンティティが非常に強く結びついていて、個々の事情をすべて明らかにすればその属性は無限に分かれていく。例えば黒人の中におけるLGBTQはどうなるのか。アフリカ出身の人もいればカリブ出身の人も、奴隷の系譜を引く人たちだけでなく、移民系の人もいる。宗教も違う。それぞれが独自の記念日を持っているから、現在では7月4日の独立記念日が以前のように祝われなくなっています。

一方で、西側の標準的な価値とは全く異なる価値観を持つ国もある。プーチンは2022年9月30日の演説で、アメリカや西側諸国で当然となりつつあるダイバーシティの考え方に関して「道徳、宗教、家庭を徹底的に否定する方向に進んでいる」「人間の完全否定、信仰と伝統的価値の破壊」「悪魔崇拝の特徴を帯びている」と述べました。そしてこれはイタリアのベルルスコーニ元首相の発言ですが「たしかにこの戦争でロシアは西側から孤立したが、西側とは、欧米諸国と北米、そしてアジア太平洋地域のアメリカと特殊な関係を持つ島嶼国だけだ。西側はそれ以外の全世界から孤立したんだ」と。この問題は深刻になってきている。つまり、何をもってグローバルスタンダードとするのか、という観点も忘れてはいけないと思います。

つぶし合いを延々やって両者が疲れ果てたところで出てきたのが「寛容」の概念

――大屋

大屋　二つの極端なものを廃した道を探って行く必要がありますよね。ただ理念だけで動いている限りは平行線のままで、結果つぶし合いになってしまう。そして歴史を見ても、そのつぶし合いは延々と続いていて……。あるとき、つぶし合いをやって疲れ果てたところで出てきたのが「寛容」という概念でした。ある意味、諦めの思想です。

佐藤　宗教戦争でプロテスタントとカトリックが殺し合って、お互い殺しきれないとわかって寛容に至る。

大屋 そのことを、自分たちが強くなってくると忘れてしまうんでしょう。双方が疲弊し諦め、休戦のような形で平和が訪れ、戦いの痛みが喉元をすぎると、再び「自分たちとは違う価値観が許せない」「正しい自分たちとは違う、間違ったものは排除するべきではないのか」という、傲慢な考えが出始める。

佐藤 トップの思想にも左右されますね。「AもBもCもあって良い」という多元論者が権力を握っているときは、A、B、Cそれぞれの一元論者が存在することも許される。けれども「Aのみが良い」と考える一元論者が権力を握ると、BやCの一元論者だけでなく、A以外を認める多元論者も存在を許されなくなってしまう。

大屋 ヴィーガニズムにしてもLGBTQにしても、極端に過激なパフォーマンスに出る人は、自分と違う意見に出会うと攻撃されているように感じる一元論者なのでしょう。

もっとも個人はどのような信念を持ってもいいと思います。ただ一元論に縛られると自分も苦しいと思うんですね。それに、もともと日本は、宗教観としても非常に多元的な社会なはず。原理原則がはっきりしないという面もあり、良し悪しはありますが。

佐藤　特に今のように１ヵ月先の国際情勢もなかなか読み取れないような激動の時代では、理念だけではない実経験、皮膚感覚で物事を知る姿勢がより重要になってくるでしょうね。まさに大屋さんが「少しずつ外れた道」での様々な体験から、広い視野を持ち得たように。

今はネットニュースやSNSの影響が大きくて、誰もが視野狭窄的になりやすい状況です。自分の視野が狭くなっていないか、定期的にチェックする意識は忘れずにいたいものです。

大屋　「自分とは違うけれど、そういう人がいても構わない」「みんなが一つの考えに賛同しなければいけないわけじゃない」と捉えられるかどうか。そういう多元的な視点を持ったほうが本人も楽な気がしますし、多くの人にとって生きやすい社会に近づくように思いますね。

（対談収録2022年10月12日）

自分とは違うけれど
そういう人がいても構わない、と
多元的に捉えたほうが
本人も、多くの人も生きやすい

——大屋

required reading

『自由か、さもなくば幸福か？　――二一世紀の〈あり得べき社会〉を問う』

筑摩書房／２０１４年３月

犯罪不安が高まり、日本社会でも監視が強化されるようになった。私たちが幸福でありたいという欲望が、こうした社会を生み出した。しかしそこではいわれなき差別が助長されかねない。ならばどのような社会が望ましいのか？　自由で自律的な自己決定的「個人」という美しい夢が見られた19世紀。それが機能不全を起こし、個人の能力不足を社会システムが補うようになった20世紀の苦闘、そして幻滅。そして、より積極的、直接的に個人の幸福を配慮するために、その人格性や自律性すら危機にさらされるようになった21世紀……。「自由」と「幸福」という両立しがたい価値のうち、私たちは、どちらをどのような理由で優先させるべきなのか。21世紀のあり得べき社会を広い視野で分析、構想する社会哲学の書。

第3章

萱野稔人

――続・結婚論 家庭内を戦場にしないために

萱野稔人

かやの・としひと

哲学者・津田塾大学教授。1970年生まれ、愛知県出身。大学での教育・研究活動のかたわら、テレビ番組のコメンテーター等も務める。主な著書に『国家とはなにか』『新・現代思想講義　ナショナリズムは悪なのか』『死刑　その哲学的考察』『リベラリズムの終わり　その限界と未来』など。

経験からいうと
結婚する前には少なくとも
半年は同棲したほうがいい　――佐藤

佐藤　萱野さんとは公私共にお付き合いがあり、この対談にゲストとしてお越しいただくのも2回目です。前回のテーマは「結婚」でした。私は「制度にとらわれる必要はないけれど、共に人生を歩むパートナーはいたほうがいい」という立場、萱野さんはどちらかというと結婚制度に懐疑的な立場で、悠々自適な独身生活を満喫されておられた。けれどもなんと、対談の翌年にご結婚されました。今回は「続・結婚論」として家庭生活に潜むリスクなどにも踏み込んでいきたいところですが、心境の変化などおありでしょうか。

萱野 45歳まで独りでしたから、まあ、生活は変わりました。まず端的にクオリティ・オブ・ライフがあがりましたね。一人暮らしの頃の気軽さを差し引いても。心境の一番大きな変化としては「結婚っていいな」と思うようになったことでしょうか（笑）。

佐藤 いいですね。聖書にも〝一人でいるのはよくない〟と書いてありますから。もっとも、誰でも結婚さえすればいいとは思いません。私は二度結婚をしています。一度目は25歳のときで、14年後に離婚しました。45歳で再婚して15年以上経った現在は、結婚は非常にいいものだと思っていますけれど。

経験から言っても、結婚するならお互いをある程度知ってからがいいですね。これから結婚する人は、少なくとも半年から1年は同棲してお互いの生活習慣や価値観を知ったほうがいい。

萱野　共に生活していくとなるとお金に対する価値観が合うかどうかも重要ですよね。独身者同士の付き合いと違って、法的に共有財産になるわけですから。それに金銭感覚は、結婚するしないに限らず、最も人柄が表れるところでもあると思います。例えば佐藤さんってすごく気前がいいじゃないですか。

佐藤　そんなに良くないですよ（笑）。

萱野　学生への支援にしても、必要と思ったところにはバシッと使うでしょう。無駄遣いはしないけど、メリハリがある。何が言いたいかというと、お金って自分のために使うか人のために使うかの2種類しかなくて、その価値観はとても人柄が反映されます。お金の使い方がきれいっていうのは、尊敬される人の最低条件だと思います。

佐藤　自分の時計や自動車にはお金をかけるけれど、人付き合いではたかりグセのある人が、学者にもいますね。

萱野　お金に関して利己的すぎる人は、言動も一致しないことが多いじゃないですか。日頃「弱者に優しい社会を」「助け合いの精神を」と声高に言っているくせに、いざ世話になった取引先が倒産したら、顔を真っ赤にして誰よりも先に債権回収にかけつけるとか。

佐藤 あるあるです。

家庭内に社会の基準を持ち込むと一番の戦場になってしまう ——萱野

佐藤 なんにしても数字はわかりやすいですからね。サラリーマンが60歳を超えていきなり老け込むのは、再雇用先で給料が大幅に減って、自分の価値もなくなってしまったように思うからですよ。

萱野　収入や肩書だけが人生の価値になっていると、そうなりますよね。そういう人の周囲には同じような価値観の人が集まるでしょうから、現役時代に付き合っていた人もいなくなる。その状況を認めたくはないから、家庭や身近なところで威張り散らして、さらに居場所がなくなっていく。余計に苛立ちが募る。悪循環です。

最近、駅員さんに対しての暴言暴行が一番多いのはシニア世代だそうですよ。ちょっと対応が気に食わなかった、あるいは電車が遅れただけで「俺のことを馬鹿にしている！」と憤る。

佐藤　八つ当たりでしかない。駅員さんも気の毒です。

萱野　そういう困った人にならないために、現役時代から社会的な序列とは関係のない、マウンティングの必要のない人間関係を構築しておきましょう、という呼び掛けをよく見聞きします。趣味のサークルだとか、地域のボランティアだとか。でも、そういうコミュニティでうまくやっていける人なら、そもそも暴走はしないような……。

佐藤　ようはコミュニケーション能力の問題ですからね。仕事上の利害関係でつながっているだけなら、偉そうにしていても、コミュニケーションに難があっても、ある程度は相手が合わせてくれる。立場が上ならなおさら。でもプライベートでは、誰だってそんな面倒な人の相手はしたくないよね。

萱野　ただ一方で、ある程度の序列がないと人間関係が安定しないというのも、一つの真理かなと思います。みんなが好き勝手していたら、社会が成り立たない。

佐藤　たしかに。家庭の役割の究極は、そういった外の社会や仕事で抱えるストレスを緩和できる場所であったり、あるいはリストラにあったときの安全弁だったりするんですよね。なんといっても、老若男女を問わず、非常にストレスフルな世の中ですから。家庭内では休息しないとやっていられない。

萱野　社会の価値基準ではないところで、自分の存在を受け入れてくれる人がいるというのは大きいですよね。裏を返すと、家庭に社会の基準を持ち込んで、うまく行かなかったときに責めたり、互いの価値を貶めるようなやり合いをしたりするようになると、もうそこはセーフティネットどころか一番の戦場になってしまう。

佐藤　それは深刻な問題です。実際に多いんですよ。教育の現場でも、例えばお受験に熱心なお母さんに対して、見かねたお父さんがよかれと思い「そこまで根を詰めなくてもいいじゃないか」とか「少し休憩しようよ」なんて口を出す。するとスパルタ型のお母さんがきっと睨んで「子どもがあなたみたいになったら困るでしょ！」と。そうしたらもう、お父さんは何も言えないです。帰宅拒否になるしかない。

萱野　つらいですね。そのリスクを考えると、やはり安易に「結婚はいいものだ」とは言い切れないかな……。でも、完全にノーリスクな状態なんてありませんよね。独身生活にだってリスクはあるわけで。それに、リスクを避けてばかりの人生も味気ない。

佐藤　その通りです。

あらゆるリスクを想定しているのに「時のコスト」には鈍感な人が多い　――佐藤

萱野　もうだいぶ前から日本社会は極端にリスク重視型になりました。とにかく現在あるものを失わないようにする。博打は打たない。

仕事でいうと、一時流行った「留学してMBAを取得する」みたいなチャレンジが減りましたよね。これは、キャリアアップにならないどころか、キャリアの中断になってしまった例がたくさん出てきたから。同じく、夢を追ってフリーター、という働き方をする若い人もだいぶ減った。フリーターや派遣社員といった非正規の働き方をしている先達の多くが苦労している姿を見ているから、ブラック企業でも正社員にしがみつくようになりました。

結婚も同じようにまずリスクを考えるから、どんどん慎重になっていく。

佐藤 まあ、焦って変なのと結婚するよりは、一人のほうがよほどいいという考え方も一理ありますけれどね。

萱野 ただ、現状維持がノーリスクかというとそんなこともないじゃないですか。独身でも結婚しても、正社員にだってリスクはある。変化を恐れてその場で足踏みをしているだけでは、何も進歩や成長がないままに、選択肢だけは狭まっていくということもあります。それもまた一つの大きなリスクではないかと。

佐藤 たしかに、あらゆるリスクを考えていても、「時のコスト」に鈍感な人は多いです。悩んでいるうちに、あるいは保留にしているうちに気付いたらただ時間だけが経っていた、という。

萱野 時間は誰にでも平等なものです。才覚や経済力は個人差が非常に大きいけれど、時間は誰でも1日24時間。1年365日。そのコスト感覚がないと人生の組み立てがうまくいかなくなります。

国家に内在する暴力性も家庭と無関係ではない ——佐藤

佐藤 鈍感ということだと、「国家」に対する鈍感さもまた気になるところです。国家論は萱野さんの主要研究テーマの一つであり、最初のご著書『国家とはなにか』を読むとよくわかるけれども、国家は基本的に暴力性を内包している。しかしそれがあってこそ秩序が保たれているともいえる。例えば現在の高齢社会日本において状況を安定化させるには、ある程度は国家に委ね、高負担高福祉の方向に行くのが近道じゃないですか。

萱野　そうですね。そもそも国家の成り立ち自体、自分たち家族だけでは対処できないもの、例えば強盗団などの脅威に対抗するものでした。つまり、暴力から民衆を保護し、社会の安全を守るという名目で税を徴収する。カール・シュミットは『政治的なものの概念』のなかで「保護と追従という永遠の連関」こそが、国家を成り立たせている根本的な原理であると述べています。公権力は、治安を維持するためにつくられたものであり、それこそが国家の重大な意義であると。

佐藤　しかし現在、自分とはまるで無関係の概念のように敬遠している人も少なくない。自分の家庭生活に密に関わっているにもかかわらず。

萱野　言ってみれば、合法的な暴力を独占しているのが国家なわけですからね。

佐藤　私は以前『高畠素之の亡霊――ある国家社会主義者の危険な思想』という本を書きました。高畠素之《たかばたけもとゆき》は同志社大学神学部を中退し、マルクスの『資本論』を日本で最初に全訳した作家です。しかも二度、全面的な改訳をしている。その中で高畠は、「人間は生物として性悪であり、資本主義が格差を強化する。その格差は国家にしか是正できない。つまり国家社会主義でしか格差は解消できない」と書きました。つまり非常にマルクスの国家社会主義思想に通じていた。だから世界初の社会主義国家であるソビエト連邦の誕生も歓迎しました。

けれどのちに彼は、大正・昭和戦前期の日本陸軍を代表する軍人、宇垣一成に従い、陸軍を中心にした形での国家改造を目論みます。つまり、真に平等な社会のためには、軍事力による暴力革命を必要だとしたんです。この思想の流れを、我々は今一度、きちんと見ていく必要があると思う。いわゆるリベラルと言われる人たちが、ものすごい形の国家主義を作り出す可能性があるのだと。

なぜこの話をしたかというと、萱野さんは『死刑　その哲学的考察』で、国家というものを正面から見据え、内在する暴力性などから死刑制度を分析しました。また、同性婚などについても、歴史や制度をフラットに見た上で、哲学者として発言することがある。けれどこのような問題に対して意見を述べると、いわゆるリベラル派の人たちから裏切り者扱いされたりするでしょう。

萱野　それはもう、ずーっと言われ続けています（笑）。

佐藤　それこそ思考が停止していると思う。国家とは何か、国家が内在する暴力とはどういうものなのか。そして、このような国家においての結婚制度の意義。家庭の平穏を維持するためには、そのあたりも自分のなかで整理しておいたほうがいい。

他者への過剰な期待は自己愛と表裏一体——萱野

萱野 家族と国家もまた、常に緊張関係にあるものです。この数年は特に距離感が変わってきていることも、ちゃんと捉えていく必要がありますね。DVや児童虐待の問題は増えたのではなく、今までは公権力が介入できなくて、問題が可視化されなかっただけですから。

佐藤 国家に暴力が内在するように、家庭にも暴力は内在しています。DVのように目に見える形ではなくても。夫婦の収入差、学歴差、家系の違いなど、あらゆる差や違いが暴力に転化し得る。

萱野　スピノザは『神学政治論』のなかで、潜在する暴力が噴出する可能性についてずっと気にしていました。結論としては、知性を働かせるしかない、というところになるのですが……。

佐藤　暴力の問題に関連して、啓蒙的理性の限界は捉え直したほうがいいと思います。暴力のない家庭を目指すのではなく、内在するものを顕在化しないよう上手にマネージしていくスキルが重要だと思う。まずはあらゆるところに暴力が潜在している、という感覚を持ち、その上で家族間であっても過度に期待しすぎない、過度に距離を縮めないようにする。そのあたりをまず、心しておくといいのではないかと。

萱野　殺人事件の2件に一つは身内が犯人ですからね。他者への過度な期待は、自己愛と表裏一体ですし。

佐藤　特に子どもへの過度な期待、そこからの過干渉や過保護は大変危険です。猫だって、仔猫はかわいがるけどある時期から親は子を蹴っ飛ばします。でないと仔猫に自分で生きる力がつかないから。そして他者に何も期待はしないけど、助け合いはします。

萱野　やはり猫に学ぶところは大きいですね（笑）。

（対談収録2019年7月30日）

恐れるばかりでリスクを避け続けると
選択肢が狭まりかねない
それもまたリスクです
――萱野

required reading

『国家とはなにか』 以文社／2005年6月、ちくま学芸文庫より文庫化／2023年11月

「国家を思考することは、暴力が組織化され、集団的に行使されるメカニズムを考察することにほかならない。近代における国家とは、暴力が集団的にもちいられるひとつの歴史的な形態である」（本書より）。国家とはなにか。国家などというものがなぜ存在しているのか。そもそも国家が存在しているというのはどういうことなのか。主権とは。資本主義との関係は？『国家とは基本的に「暴力を組織化する運動体」である』という概念を起点に、現代思想の主要なテーマも踏まえ鋭い視座で考察した、著者のデビュー作。

『死刑　その哲学的考察』 ちくま新書／2017年10月

死刑という刑罰、その存廃をめぐる議論はいぜん鋭く対立している。死刑制度を採用している国家は世界的に見ても少なく、先進国の中で数少ない死刑残置国である日本は、国際的な場において度々非難を受けている。しかし今なお凶悪事件が起きれば死刑を望む声が上がる。

「死刑を肯定するにせよ否定するにせよ、私たちは日本特殊論に依拠することは

できない。できるだけ普遍的なロジックで死刑を考えなければならないのだ。（本書より）」とあるように、中立的な立場を保ちながら賛否それぞれの根拠を問い、終身刑との比較考察、犯罪抑止力の装置としての視点、処罰感情や道徳とはなにかという根源まで遡りながら、政治哲学的な考察へ向かう、究極の死刑論。

第4章

富永京子

――若者たちが集う昨今の社会運動事情

富永京子
とみなが・きょうこ

社会学者。1986年生まれ。立命館大学産業社会学部准教授。社会運動論、国際社会学を研究。博士論文を元にした『社会運動のサブカルチャー化』(せりか書房)が発売中。また、著書に『みんなの「わがまま」入門』(左右社)、『「ビックリハウス」と政治関心の戦後史』(晶文社)など。

外務省では学生運動をしていた人が多かったでも要領がよくて逮捕歴はないんです ──佐藤

佐藤　富永さんは社会運動を中心とした人々の政治参加についての研究をされています。博士論文をもとに編纂された『社会運動のサブカルチャー化』では実際に多くの若い活動家にインタビューしつつ、徹底して観察者としての立場をとられている。今流行りの参与観察スタイルだけにとどまっていないところに、好感を持ちました。

富永　ありがとうございます。23歳から6年間かけてまとめたものなんですが、実際に活動家の方にお会いして思ったのは、年長というか熟練の方はとても細かいところにも気を配っているなと。インタビューの場所をスターバックスにして怒られ、年賀状に「平成」と書いて怒られ……。

佐藤 平成と書いて怒られたんですか?

富永 怒られました。「あなたは天皇制を支持しているのか?」って。

佐藤 では西暦で書いたらキリスト教徒ということになるのかな。

富永 難しいですよね……。何かしらを支持していることにはなりますよね。私自身は左派的な立場ですが、デモにあまり参加もしませんし、社会運動にもいまだに抵抗があります。……すみません、佐藤さんも学生時代はされていたのに。

佐藤 いえ、私も当時のああいった学生運動の風潮は、もともと嫌いだから。周囲との関係で逃れられなくなったというのが実態です。私が大学生だった1980年代前半、東京で新左翼系の学生運動に関与すると、完全に市民社会から出なければならないというくらいハードに煮詰まっていた。それと比べると京都はぬるくて、暴力沙汰になっても人は殺しませんでしたから。東京にいたらどうだったかわからない。

富永　どこまで暴力を許すかは、活動するほうの作法として大きな違いがあるようですね。

佐藤　その通りです。社会運動では暴力の問題が必ず出てきますが、「暴力反対！」と書いたプラカードに釘が打ってあって、それで殴りかかってくる学生とかもいて、めちゃくちゃでしたよ。「あなたのそれは暴力ではないのか？」と。でも外務省には学生運動をしていた人が多かったですね。ただし逮捕歴はない。

富永　ご著書の『紳士協定』でも書かれてましたね。

佐藤　そういう人は要領がいいんだよね。組織を裏で引っ張る力と自信を持っている、ずるい奴ともいえる。でもそういう人のほうが伸びしろがあるし、いろいろな場面で使い勝手がいいから組織では採用されるんです。まじめな完璧主義みたいなのが一番だめですね。

以前は「若者発の新しいムーブメント」の背景に昔ながらの活動家がいることも少なくなかった

――富永

佐藤　富永さんはSEALDs（2015年5月から2016年8月まで活動していた政治団体。10代後半から20代前半の若者が中心となり話題を集めた）ってどう思いました?

富永　彼らは実は、いわゆる典型的な活動家の人と変わらない生育歴を持っている人が少なくないんです。つまり親御さんが社会活動家であったり、出身高校が都市部にある文化資本が高い私立だったり。そういうことを考えると、本質は変わっていない部分もあるけれども、社会活動に興味のないような人向けにデザインするのが上手かったから、あれだけ騒がれたんでしょうね。一番の問題は、それをメディアを含むまわりの大人たちが、若者発の新しいムーブメントとして評価してしまったところだと思います。

佐藤　実際に活動していた若者たちの中心層は、偏差値50台の大学生でした。SEALDsの活動には、多くの左派有識者が賛同していました。つまり、中間層の学生が、社会運動をすることによって応援する有識者と知り合える。それで就職やメディアへのコネができる、社会的な地位の上昇を遂げることができるというからくりがありました。なおかつ一部の有識者──そろそろ賞味期限が切れてきた学者や作家のじいさん連中が、彼らの話題性に乗っかる形で論壇に返り咲くという現象もあって、実に新自由主義と親和性の高い運動だなと思いながら見ていました。

富永　もう一つ問題は、今おっしゃられたような「賞味期限の切れてきたじいさん」に抵抗する術《すべ》を、若者たちは持っていないんですよね。

佐藤　抵抗する術はあるはずだけれども、それをしないのは不作為だと思います。追従していたほうが楽だから。ただし年配者に追従するスタイルに甘んじたら、途中でやめられないんです。60歳をすぎても学生服や剣道着を着ることを求められる森田健作のように、永遠の若者でいることを求められる。世間からもね。そして参与観察的に若者論で食っている学者も、自分より若くて影響力を持つ人間が出てきたときに賞味期限が切れる。

富永　それは若者運動の宿命だと思います。

佐藤　ただ群衆はある程度の数を超えると、暴力に転嫁していくから権力者として無視はできない。SEALDsの活動も、コントロールできない、集合的無意識の怖さを権力者に感じさせたという意味では、意義があったでしょうね。

富永　力づけられていいのかわかりませんが、「意義がある」というのは、社会運動をしている人たちにとっては力づけられる発言だと思います。運動は多くの場合、失敗として認識されがちなので。

女性がやりたいようにやれている
ジェンダー的な変化はうらやましいくらい ──富永

佐藤　社会運動の成功例なんてすべて後付けですから。そのときに権力を持った人間が、のちに「自分たちの勝ち取った運動こそ抵抗権だった」と正当化しただけであって。

富永　あとからならどうとでも理屈をつけられるところがありますから、過去の運動を指して「なぜうまくいったか」という分析は難しいですね。

佐藤　でもひな形はあります。今回のSEALDsの運動も、見え方は違うけれども、構造としては全共闘の焼き直しであって、新しさはないでしょう。結果うまくやった奴は、全共闘世代なら「島耕作」になれたんですよ。限られた数人だけが、会長や代表取締役社長として取れる果実を取った。でも他の多くの人たちはそうはいかなかった。島耕作の部下なんかになったら人生最悪ですよ。今ならセクハラ大魔王でコンプライアンス室に訴えられますよね。

富永 たしかに(笑)。なるほど、そういうふうに今回の運動の帰結を見ることができるのかもしれません。個人のキャリアという見方をすると、苦労される方ももしかしたらいるのかもしれません。

佐藤 運が悪かったか要領が悪かったかその両方か、いずれにしても自己責任ということにされてしまう。

富永 それでも私は、SEALDsの活動で、女性がやりたいようにやれているのはいい傾向だと思いました。

佐藤 おっしゃるように今回の社会運動の動きでジェンダー的な変化は大き

かったですね。

富永　うらやましかったです。研究の世界では今でも「女だからうんぬんかんぬん」と言ってくる人がどうしてもいますから。

佐藤　私はいろいろな分野の人と話をするけれど、これからに期待している人、ユニークな活動をがんばっている人は女性に多いですよ。例えばフェミニズムの出版社を立ち上げ、女性のためのアダルトグッズの店を経営している北原みのりさん。彼女は「わいせつ物陳列」で不当に摘発されても逆らわない。国家権力に逆らっても意味がないからと言って、「はいはーい認めます」と流して、同じ土俵に乗らない。世の中──特に知的な世界はマッチョすぎるから、そのくらいの感覚で受け流していったらいいと思います。社会運動にしても、バランス感覚の良さって女性のほうが持っていると思う。

社会運動って過激なイメージがあるけれど実際は社会への働きかけすべてのことだと思う

――富永

富永　社会運動っていうと怖いとか過激とかいうイメージがどうしても付きまとうんですけど、実際はとても幅広くて、社会への働きかけ全体を指すものだと思います。例えば、ジェンダー問題を意識してみる、差別的な言葉を使わないように心がける、という行為も広義では社会運動じゃないかと。デモをするだけじゃないんですよね。それに、同じ志を持った仲間と集まること自体がすでに活動だとも思うので、そうなると学生のサークル活動や、趣味のグループとそんなに大きくは変わらないものです。目的を達成することが目的ではなく、生きることそのものになっている人にもたくさんお会いしました。

佐藤　ものによっては楽しいサークル活動のノリでもある。

富永　そうですね、若い世代だと特に、音楽フェスに近いノリを感じることもあります。そういったタイプの運動では、いわゆる全共闘時代を引きずっているようなおじさんは歓迎されなかったりします。

佐藤　そこから運動が継承されてきたわけではないんですね。

富永　では、どこでノウハウを学んだのかと聞くと、高校時代の学園祭の実行委員会だったり、プロサッカーチームのサポーターの集まりだったり。そういう経験値から人を集めてデモをするので、ノリの合わない人には厳しい部分もあります。

佐藤　昔のような闘争的な側面はなりを潜めたけれど、排他的になっている？

富永　仲間内での安心感を求める傾向はあるかもしれません。というのも、いまや社会運動って「自分と同じ意見の人と会える場所」であり、「率直な意見を言っても大丈夫な場所」でもあります。でもそんなに怖い雰囲気ではもちろんなくて。一般の人が思うイメージとは変わってきているということを、リターナブルに伝えていけたらいいなと思っています。

（対談収録2016年10月19日）

いまや社会運動の場は
「同じ意見の人と会える場所」であり
「率直な意見を言っても
大丈夫な場所」になっています
――富永

required reading

『社会運動のサブカルチャー化——G8サミット抗議行動の経験分析』

せりか書房／2016年10月

なんでみんな普通に生きているだけなのに、かつてあれほど愛していたのに、友達と友達でなくなってしまうのか、なぜ家族が離れ離れになってしまうのか……。

友達とずっと友達でいたいという思いと、家族とずっと家族でいたいという思いが、私に研究を続けさせ、この論文を書かせた。（中略）

私たちは生きている中でこだわりやしきたりができる。譲れないものやこうでなければならないというものができる。選好も生まれるし優先順位もできる。相容れないものもたくさん出てくるだろう。「わかり合えるはずだ」と思って生きているが、私たちの譲れないもの、守りたいもの、優先するものは生活のあらゆる繊細な振る舞いに現れる。（中略）そういうことがいちいち衝突したから、離れざるを得なかったし、ばらばらにならざるを得なかったのだろう。

しかし、何かを一緒に目指しているとき、寝食をともにしているとき、つまり過程を共有する中で、確かにある瞬間、信頼できていると思うことがあった。愛していると感じられることがあった。今ではもう遅すぎるが、その思い出さえあれば、もう十分だという気もしている。（あとがきより）

著者が6年にわたり編み上げた東京大学大学院博士論文を書籍化。国際的で巨大な社会運動「2008年北海道洞爺湖G8サミット抗議行動」に携わった人たちに入念な取材を行い、彼ら・彼女らの「出来事（非日常）」としての社会活動から、家庭、家族、地域で過ごす「日常」までを聞き取り、分析。さらに「組織と個人」「動態と静態」へと精微化し、現代の社会運動とはどのようなものか、それらを支え創出する、社会運動サブカルチャーを可視化する。

第5章

泉谷閑示

――「頭」ではなく「心＝身体」の満足を

泉谷閑示

いずみや・かんじ

精神科医。泉谷クリニック院長。1962年生まれ、秋田県出身。東北大学医学部卒。パリ・エコールノルマル音楽院に留学。同時にパリ日本人学校教育相談員を務めた。現在、診療以外にも一般向けの啓蒙活動として、泉谷セミナー事務局主催の様々なセミナーや講座を開催。近著に『なぜ生きる意味が感じられないのか――満ち足りた空虚について』など。

温度の高い悩みよりも、温度の低い悩みが増えてきた ――泉谷

佐藤　『なぜ生きる意味が感じられないのか――満ち足りた空虚について』の冒頭で、クリニックに訪れる患者さんの悩みが、時代と共に変わってきたと書かれていました。そこからお話を聞かせていただけますか。

泉谷　20年ほど前までは「がんばっているのに認めてもらえない」「思い通りにならない」というような、他者や周囲の環境に何かを期待する、執着系の悩みが中心でした。それが徐々に変わってきて、ここ数年は「毎日がつまらない」「自分が何をしたいのかわからない」といった、実存や

空虚感にまつわる悩みが中心になっています。いわば「温度の高い悩み」から「温度の低い悩み」になり、希死念慮にしてもまわりを巻き込むことなく、一人でひっそりと消えようとする人が増えている印象です。

佐藤 温度の低い悩みに対しては、どのようなアプローチをしていくのですか？

泉谷 そういった悩みを持つ方は、衣食住の心配はないわけです。実生活自体は満たされていて、ある種の飽和状態になっているんですよね。ではその満たされた状態からどこに向かっていきたいのか。そのベクトルを向ける先を一緒に探っていくことになります。

佐藤 動的な指向性を持たせる。

泉谷 ええ。憧れや、それに足るものへ。僕自身は「美」と「真理」、それらを総括する「愛」こそが人間ならではのベクトルの対象だと思っています。でもそれはスマホをいじっていて見つかるものではありません。少しがんばって、背伸びして探さないと、本当に良いものには出会えないでしょう。

佐藤　すぐに役立つことはすぐに陳腐化しますからね。ご本の中で、10代の患者さんにサルトルの『嘔吐』を薦めて良い効果があった、というエピソードを書かれていて、なるほど、と思いました。

泉谷　これだけ高学歴社会なのに、一流大学を出ていても教養や文化に触れてこなかったという方がたくさんいます。大学が就職のための予備校化していると言われて久しいですが、知的好奇心、人間や世界への関心が育っていないのは問題ですね。

人間は脳であると考える精神科医は、患者の心理的問題を探ることがない　――佐藤

佐藤　泉谷さんは音楽への造詣《ぞうけい》も深いですよね。音楽の方面に進もうとは考えなかったんですか。

泉谷　本当は音楽大学に進みたかったのですが、親に大反対されたんです。それで仕方なく、「医学部に合格したら好きなように音楽の勉強をさせてくれ」と交換条件を出しました。そうして医学部に入学して、医学の勉強の傍ら、個人的に作曲家の先生に師事して必死に勉強していましたね。

佐藤　医学と音楽の両立というと日本では珍しいイメージがあるかもしれない。けれど国際的に見ると、お医者さんでも主専攻と副専攻で違うジャンルを学んでいる人はたくさんいます。それに音楽って、海外では数学に近い扱いでもありますよね。

泉谷　そうなんです。よく作曲家が、「ふと頭にフレーズが浮かんで曲ができた」なんて言いますけど、そんなことは極めて稀だと思いますよ。曲というものは建築と同じで、数学的な知性をもって構築しなければならないものなんです。

佐藤　泉谷さんのご本の文章の読みやすさ、視野の広さの秘密の一つは、きっと音楽理論を学ばれたことに関係していると私は見ています。

それから、ご著書のなかで繰り返し提唱されている「頭」と「心＝身体」の関係図にも感銘を受けました。

泉谷　「頭」と「心＝身体」の図は、患者さんとの対話のなかで生まれました。「頭」はコンピューター的な情報処理を扱う、進化的には後から発達してきた部位。「心＝身体」は野生や自然の原理を持っていて、そこに密接につながっている。私は人間というものを、この両者のハイブリッドとして捉えているのですが、現代は「頭」の比重が大きくなりすぎて「心＝身体」がかなり軽視されています。全て科学やデータで置き換えられるのではないかという、ある種の理性の驕りに偏っているように思えます。

佐藤　そして「人間は脳である」と考える精神科医は、患者の心理的問題を探ることなく、ゆえに対話もなく、脳の分泌物をただ精神薬でチューニングしようとする。

泉谷　僕のところに来る方は、そういった薬物療法で治らなかった人ばかりです。同業者ですらも時々受診しに来ることがあります。クリニックを開業していたある人は、自分がうつになって患者さんに出していたような薬を自分でも飲んでみたけれど効果がなく、いろいろ調べて私のところへたどり着いたそうです。その方はのちに「自分は患者さんを本当に治せてはいなかった」と、クリニックを畳む決意をされました。

佐藤　人間の生き方として立派ですね。

泉谷　誠実な方だからこそ、うつになってしまった面もあるかと思います。
　もちろん薬物療法の効果をすべて否定する気はありません。私もかつては薬物療法や入院療法など、様々な治療を行ってきました。ただ、なぜうつになってしまったのかという真の原因を探らなければ解決にはつながりませんし、原因を探るにはその人の心の歴史をたどる必要がある。歴史は言葉で刻まれていくものだと思うので、一番根源的な力を持つであろう「対話」による精神療法に絞ることにしたんです。

本当に病んでいる人ほど無自覚で、他者を傷つけていることが多い ──泉谷

佐藤 最近は日本でもやっとオープンダイアローグ（フィンランド発の対話を中心とした精神療法）などが注目され始めましたが、泉谷さんはずっと以前から対話を大切にされていた。それからご本を読んでいて、泉谷クリニックにやってくる患者さんは〝普通の人〟だと感じました。むしろ今の時代に何も不具合を起こさず適応できているほうが異常事態で、現代への適応は実は麻痺なのだと。

泉谷　おっしゃる通りです。悩みの原因の多くは生育歴に由来するものですが、いらっしゃる方は代々続いてきた家系や家族のゆがみを一身に背負った代表者のようなもので、いわば解決者としての力を持った人たちなんです。本当に病んでいる人や問題のある人ほど無自覚で、他者を傷つけているケースが少なくありません。そのような人を本の中では「ロゴス・クラッシャー」と表現したのですが、彼らには人間を人間たらしめている「ロゴス」が通用しない上に、まわりのロゴスも自覚なしに壊してしまう。こうして「ロゴス」を壊された側が自信を喪失したり、うつになったりしている実情も少なくないのです。

佐藤　ヨハネの福音書の冒頭も「はじめにロゴスありき」です。ロゴスは神であり、バランスであり、言葉であり。

泉谷　ええ。私は人が人として持っている共通認識のようなものを「ロゴス」と捉えていますが、日本では「言葉」と訳されることも多い。

佐藤　言葉は大事です。『精神の生態学へ』を書いたグレゴリー・ベイトソンは精神病棟の勤務経験からダブルバインド（二重拘束）の概念を提唱したことで知られていますが、人類学者で生態学者で数学者でもある面白い人で、「キューバ危機とタコの喧嘩の類似性」に関する論文なども書いているんですよ。言葉を信用できなくなった国家間関係の行動は、タコの喧嘩と同じプロセスをたどる、と。カワウソも同じだったかな。

泉谷　面白いですね（笑）。政治や国際関係にしても、問題の根本にはロゴスの危機があると思っています。例えば微妙な問題に関して、賢者ほど様々な配慮やバランス感覚から安易に断定しないものです。しかしロゴス・クラッシャーは強い言葉で即断する。彼らは自分が世界の中心であり、全知全能の神であるかのような自閉的世界観の中で生きていますから、躊躇《ちゅうちょ》がない。よく知らない人にとっては、その短慮で強い発言がカリスマ的に見えてしまうことがある。あれだけ自信を持って言い切るのであれば信頼できるだろうと。それは大変危ない。

佐藤　たしかに。しかもそういう人たちが集団になったとき、ホンモノ独特の怖さがあります。

人間をスペックや数字でしか見ていない自称「勝ち組」こそ感覚が麻痺している――佐藤

泉谷 ロゴス・クラッシャーの行動原理は金銭や権力、名声のようなメリットがあるかどうかなので、「頭」の価値観に偏った現代の合理的な社会と非常に親和性があります。それも大きな問題です。逆に人間らしいロゴスを持った人がその価値観の中にいたら、行き詰まるのは当然です。

佐藤 「勝ち組」を自称するような人たちも、人間をスペック、数字でしか見ていませんから。それでうまくやれているとしたら、感覚が麻痺しているんですよね。「絶望こそ死に至る病である」の名言で知られる哲学者のキルケゴールも、絶望的状況にいながらそのことを感じられなくなっている「非本来的絶望」が一番深刻だと指摘しています。

泉谷　いわゆる勝ち組の人生を順調に歩んできた方で、上り詰めた途端に虚しくなるというケースも少なくありません。むしろ、目的を達成してはじめて自覚する問題意識もあります。

佐藤　それまでの軌跡に疑問を抱いてしまうような。

泉谷　ええ。「頭」の満足に価値観を置いているとそうなります。目標を追いかけているときは高揚感があるかもしれませんが、本当に自分が望んだものではないから、やがて虚しさにつながってしまう。虚しさに変わることのない「本当の喜び」は、「頭」の満足ではなく、やはり「心＝身体」の満足だろうと思います。

佐藤　もし今この本を読んでいる人の中に、自分でしたいことがわからない、何が好きかもわからない人がいるとしたら、まずは何をしたらいいと思いますか。

泉谷　自分の「心＝身体」の感覚が麻痺してしまい、何をしたら満足なのか、自分の好きなものすらわからなくなっている場合、まずは嫌いなものを嫌いと感じる感覚から始めるのがいいと思います。自分の感情がわからない人は、幼少期から嫌なことを我慢させられてきていることが非常に多いです。その積み重ねが、感覚を鈍麻《どんま》させているんですね。ですからまずは、ちょっと嫌だな、という感覚もきちんと味わうようにする。「自分はいま、このことを嫌だと感じた」「これは苦手だ」というものを、自覚する。すると、徐々に「好き」もわかるようになってきます。そうして少しずつ麻痺していた心の声を回復させていくことが必要なんじゃないかと思います。

（対談収録2024年1月26日）

嫌いなものを嫌いと感じる感覚から始めて、
麻痺していた心の声を回復させていく
――泉谷

required reading

『なぜ生きる意味が感じられないのか——満ち足りた空虚について』

笠間書院/2022年9月

満ち足りているはずなのに抱く「虚しさ」「無気力」の正体とは?
情報過多なコミュニケーションによって失いつつあるものとは?
効率主義によって見落とされているものとは?
待つ力、信じる力、憧れる力を取り戻すには?
不条理なこの世界で生きるために必要なこととは?

「湿度の低い」悩みを持つ若い読者に向けて、現代社会に蔓延する「満ち足りた空虚感」の根底にあるものを解き明かし、神話や哲学、文学や芸術など幅広い分野から人間が人間らしく生きるためのヒントを探っていく。
生きづらさを感じる人、「心=身体」と「頭」のバランスの取れた毎日を送りたい人に。

第6章

永井玲衣

――「問う」ことで自由になろう

永井玲衣

ながい・れい

哲学者。人びとと考えあう場である哲学対話をひらく。政治や社会について語り出してみる「おずおずダイアログ」、せんそうについて表現を通して対話する写真家・八木咲とのユニット「せんそうってプロジェクト」、Gotch主催のムーブメントD2021などでも活動。著書に『水中の哲学者たち』(晶文社)、『世界の適切な保存』(講談社)。第17回「わたくし、つまりNobody賞」受賞。詩と植物園と念入りな散歩が好き。

対話やコミュニケーションは難しい、というところが哲学対話のスタート地点 ――永井

佐藤　永井さんは哲学者、さらに実践家として、学校や企業、自治体など様々な場所で哲学対話のファシリテーターをされています。いま哲学対話はどのように行っているんですか？

永井　定期的に続けている会や都度依頼を受けて行う形です。

佐藤　哲学をテーマにしたサロンにはカルト化するリスクが伴います。『ゼロからはじめる哲学対話』に寄稿された原稿では、いかにそのリスクを排

除するかについて細かく書かれているのが印象的でした。例えば、ふつう組織を立ち上げるときには終わりを考えないけれど、哲学対話は必ず終わる組織であることを前提にしている。また、差別的な発言や攻撃的な発言をする人が出てきたときはどう対応するか、というような問題点にも非常に丁寧に言及されています。

永井　哲学対話というと素朴にポジティブなイメージを持たれがちですが、対話やコミュニケーションは難しいものだというところがスタートなんです。私自身10代の頃から今もずっともがいていて、人の脆さや加害性——カルト化もそうですし、年配の男性がどうしても発言権が強くなってしまうとか、そういうことに直面しながら奮闘しています。

佐藤　年配男性が威張る問題はリカレント教育でも起こりがちです。会社でパッとしないまま定年退職した人が社会人入試で大学院に来て、「俺は若い頃に亀に乗って龍宮城へ行ったんだ」なんて武勇伝を語りだすと、若い人たちに大変な悪影響を与える。

なかなか大変な場作りだと思うのですが、面白いですか？

永井　うーん……そうですね……哲学対話って、参加される方が大体二つのタイプに分かれる気がしています。割合として「考えるのが好き！」というポジティブな方が多いんですけど、一方「考えてしまう」という感じの方もいて、私は後者です。人と話すのは苦しいですし、引きこもり体質なのであまり表にも出たくない。でも絶対にこれが必要でやらなきゃいけないいんだ、という気持ちでやっています。

佐藤　わかります。私も社交的に見られることがあるけど、それは仕事だから。本当は一人で本を読んでいるか、猫と話しているほうが好きですね。

悩みの多かった学生時代
「『問う』ことは何もおかしくない」という場に触れて初めて自由になれた――永井

佐藤　それにしても永井さんの研究のご専門がサルトルと聞いて少し驚きました。私が学生のときでも、サルトルに興味を持っていると「古いものを読んでいるね」と言われたけれど。

永井　大学でも驚かれました。10代の頃、あまりにも世界や他者というものがわからなくて、答えを探すように文学を読んでいたんです。そして好きだったカミュやカフカから、サルトルに行き着きました。『実存主義と

佐藤　はヒューマニズムである』に出会って「考える」という哲学の営みにすごく衝撃を受けて、同時に、サルトルや人びとと共に考えていきたい、と決意して哲学科に進学して、今に至ります。

永井　カミュやカフカも、私より10歳くらい上の世代、今70代くらいの方が熱中して読んだイメージです。どういう出会いがあったんですか。

佐藤　図書館で、棚の左端から順番に読んでいきました。

永井　まさにサルトルの『嘔吐』に登場する「独学者」の読み方ですね。アルファベットのAから順に読んでいく。

佐藤　でも中学、高校の環境では学ぶことや本を読むことがあまり良しとされていなくて、すごく苦しかったです。何かに疑問を持って「これはどういうことだろう」「なんでだろう」といった発言をすると、「そんなことを考えてどうするの」「変なの」と変わり者のように言われてしまって。

永井　高偏差値校の一角にありがちな光景です。真面目に勉強するのはかっこ悪い、勉強なんかしなくてもできるのがかっこいい、というおかしなイメージがあるから、みんなといるときはまじめに勉強する人のことを軽く揶揄して、自分は隠れて勉強するんですよね。

永井　それが上智大学の哲学科に入って一変しました。研究室では年齢関係なく誰もが問いに対してオープンに対話してくれます。問うことは何もおかしくない、という場に初めて触れて、とても自由になることができました。

私もこういう場所をたくさん作りたいと思ったのが、哲学対話を始めた原体験になっています。

哲学的な思考の形は周期的に戻ってくる ――佐藤

佐藤　人と話すのが苦手とおっしゃるけど、連載などで書かれたものを読んでいると優しい人柄が出ています。自分が苦しかったからこそ、ほかの人にも哲学を通じて一つの糸口が見つかることを伝えたいという思いが、行間から伝わってくる。

永井　ありがとうございます。でも当初はかなり限定的な他者論をやっていました。とにかく苦しくて糸口すら見つからなくて……サルトル初期の、他者と共に生きることの混乱が強く出ている作品に惹かれたんですよね。

でも中期の『倫理学ノート』――これはノートに書かれたメモの断片を集めた遺稿なんですが、その中には、生身の人間となんとかもがいて出会おうとするサルトルの意思が見えてきます。哲学対話も今やっているD2021（脱原発を目指した音楽フェスNO NUKESの後継として、原発に限らずあらゆる社会問題に取り組むために2021年にスタートした運動体）も、自分の活動の全てはサルトルのアンガジュマン（社会参加）の概念に影響を受けています。

佐藤 サルトルの提唱した実存主義は、その後の構造主義、さらにポスト構造主義の台頭によって過去の遺物のように扱われました。しかしこういった風潮は間違っています。哲学的な思考の形は周期的に戻ってくるものでもあります。実際に今、実存主義は再び注目されてきていますからね。

永井 おっしゃる通り、サルトルは多くの人にとって踏み台にされた部分もあるかもしれません。批判も多方面からされました。でも、サルトルはその都度応答し続けていった人でもあったと思うんです。

哲学対話の場でも、様々な考えがあって、応答があり考えが深まっていくことがある。だからこそ「答えがない、自由に何を話してもいい」とたまに勘違いされるんですが、それぞれが好き勝手にしゃべったり、対立のない場が理想なわけではないんです。

佐藤　対立の全くない場、すべてを受容する場、それじゃ新興宗教か自己啓発セミナーの座談会になってしまう。

永井　（笑）。ただ批判を非難だと思い込んでいる方も少なくないので、その場合は認識から解《ほど》いていく必要はありますね。

意見や主張には、別の欲求が隠れていることが多い——永井

永井 意見や主張ってだいたい別の欲求が隠れています。何か対立があったとき、なぜそう思うのか、そもそも何が問題なのかと掘り下げていくことで、本当に求めていることに辿りつくことが多いんです。様々な意見の対立や葛藤を解すという意味でも哲学対話は貢献できるんじゃないかなと。

佐藤 コロナ禍での変化はありますか。

永井 やはり集まりにくい状況なので、オンライン開催をするようになりまし

た。「場」としては直接顔を合わせるほうが望ましいと思っていたんですが、オンラインならではの問題も出てきて、新しい工夫が必要で。それはそれで、良い刺激だと思っています。

佐藤　全てを考えるきっかけと捉えるわけですね。

永井　それと、これは人数が多くてカフェ形式で対話ができないときに、先輩に教えてもらった方法なんですけど。一人ずつ用紙を配って問題に思っていることを書いて、その下にどんどん「なぜそう思うのか」を書き連ねていくんです。そうすると、本当に問いたい内容が浮かび上がってきます。一人で苦しいときには、そういうワークも役立つかもしれません。

佐藤　哲学対話のようなことを一人でもできる。

永井　そうですね。思考を深めていくには他者が必要だとは思いますが、まず自分のなかに隠れている欲望に気づくだけでも違うのではないかと。「それはなぜ？」「そもそも本当に？」と問うことが、誰かが決めた常識に縛られていることへの気づきや、そこから自由になるきっかけになったらいいなと思います。

（対談収録２０２０年11月30日）

「それはなぜ？」
「そもそも本当に？」と問うことで
誰かの決めた常識から自由になれる

――永井

required reading

『ゼロからはじめる哲学対話　哲学プラクティス・ハンドブック』

河野哲也（編集）、得居千照・永井玲衣（編集協力）　ひつじ書房／2020年10月

この一冊があればすぐに哲学対話を実践できる！

哲学カフェや学校内・企業内での哲学対話を開催したい人、やっているけれどうまく行かない人に向けた、誰もが使える対話と思考の実用ハンドブック。哲学対話の定義、歴史やその意義、注意点を踏まえてから、学校、企業、福祉施設など開催する場によって異なるテーマの決め方、人の集め方、問いの出し方、対話の進め方を提案。さらに参加の心構えとマナー、使える道具、ユニークな楽しみ方、「誰も話してくれない」「発言する人が偏ってしまう」といった困ったときの対応の仕方など具体的な実践方法を、豊富な経験を持つ14人の執筆者が紹介。対話に必要な哲学史や哲学テーマの概説（「人生と生き方」「政治と社会」「倫理と道徳」「宇宙と存在」「知識と科学」「神と宗教」）の基礎知識もまとめられているから、哲学対話に参加してみたい人、哲学の思考のプロセスを学びたい人にも。

第7章

新井紀子

――ＡＩ時代に生き残るための仕事術

新井紀子

あらい・のりこ

数学者。東京都出身。国立情報学研究所教授、同社会共有知研究センター長。一般社団法人「教育のための科学研究所」代表理事・所長。2016年より読解力を診断する「リーディングスキルテスト」(RST)の研究開発を主導。著書に『AI vs. 教科書が読めない子どもたち』など。

人の仕事が完全にＡＩやロボットに代替されることは、絶対ない ――新井

佐藤　2018年2月に出版された『ＡＩ vs. 教科書が読めない子どもたち』が大ベストセラーとなり、それまでマスメディアや論壇で猛威をふるっていた「シンギュラリティ教」がだいぶナリを潜めましたね。第一線の数学者でありＡＩ専門家である新井さんが、その著作において「シンギュラリティはありません」とキッパリ断言された影響は非常に大きかった。

新井　一般的に使われているシンギュラリティ――ＡＩが万能になり、人間の

能力を超え、我々の生活が一変する——を信じたい人って、何らかの意味で、今の自分を肯定できない方なのかなと思います。人間がＡＩに仕事を奪われる世の中になれば、自分もダメだけど、みんなも同じようにダメな状態になるんだ、いっそなってしまえ、という願望を感じますね。でも、人の仕事が完全にＡＩやロボットに代替されることは絶対ないです。簡単に思えるような仕事であっても。

佐藤 ＡＩには、食べ物が詰まった冷蔵庫の中を調べて、賞味期限は切れているけどギリギリ大丈夫そうな鶏肉を選んでありあわせのもので料理をつくる、とかできませんよね。

新井 それ難しいですね（笑）。いやホント、そういうことです。サンリオキャラクターのキティちゃんが猫だっていうことも、ＡＩにはわからないですよ。絵本に出てくるような、ファンシーにデフォルメされたキリンやカバを、実物の画像と自動的に結びつけることもできません。誰かが「このイラストとこの動物は同じ種類だ」と一つひとつ教えていかないと。

佐藤　そういえばご本の中で、『Siriは「近所のおいしいイタリアン」と「近所のまずいイタリアン」の区別ができないから、同じ検索結果が表示される』と書かれていましたが、最近改善されましたよ。まずいほうは「ありません」と出るようになりました。

新井　ホント!?　きっと「中の人」が頑張ったんですね（笑）。

佐藤　そう思います。もっともこれはイタリアンだけで、いまのところ「まずい中華料理」や「まずい蕎麦屋」はそのままですけど。これもいちいち対応していくとしたら、相当な手間ですよね。

新井　「こんな本が出たせいで余計な仕事が増えたじゃないか！」って「中の人」たちに恨まれていそう（笑）。

ＡＩに対応できない要素が出てきたとき、大事故に発展するリスクがある――佐藤

新井　まさに今、佐藤さんが具体例を出してくれましたが、ＡＩやロボットはプログラムされていないことには対応できません。ＧＡＦＡ（Google、Apple、Facebook、Amazon）はそこに目をつけてシステム化して成功しました。まずロボットを中心におき、できないところに人間を配置したんです。

なかでも現時点で一番うまくやったのがAmazonです。ヒトの承認欲求を利用して、レビューというコンテンツを、ユーザーに無償で書か

せました。Facebookが2018年以降にガクッと株価を下げたのは、個人情報保護という基本的人権の確保を目的としたGDPR（General Data Protection Regulation：EU一般データ保護規則）が適用開始されて、「氏名」や「メールアドレス」といった個人データを扱う情報処理が格段に難しくなったから。「近所のおいしい店・まずい店」と同じで、リテラシーや著作権等の判断は、AIにはできませんから。

佐藤　そして、そういった判断ができる人の人件費は高いですからね。

新井　同じ理由でYouTubeやTwitter（現X）、Googleだってこの先わからないですよ。いまはみんなGAFAに全幅の信頼を寄せていますけど、考えてみたらまだ15年やそこらの新興企業です。

佐藤　我々の世代はバブル期にたくさんの新興企業とその盛衰を見ていますから、わりとシビアな視点になりますね。

新井　そうそう、一寸先に何が起きるかわからない。

ただAIやロボットにできることが増え、人間の仕事に影響を与えることは確実です。例えば外科手術支援ロボットの「ダヴィンチ」は、遠隔操作で医師がモニターを見ながら手術するんですけど、万が一の動作不具合が起きたときには、即リアルな開腹手術に切り替えられるようになっています。でもこの先「ダヴィンチ」が主流になっていくと、インターンの若い医師は、自分の手で開腹手術をする経験がないままに手術を担当することになる。

佐藤　それは他分野でも問題になっています。例えば鉄道業界では自動運転が主流になっていくでしょうが、自動運転で対応できない要素が出てきたとき、大事故に発展するリスクがある。

新井　翻訳の現場もそうです。何らかの理由があって日常的に英語を使っていない限り、音声入力のGoogle翻訳にかなわなくなるでしょうけれど、ではGoogle翻訳は完璧になるか、というと決してそうはならない。AIは、話者の関係性も、言外のニュアンスも、その発言の背景や状況も、自動で理解することはできませんから。

ＡＩに代替不可能な感性はコミュニティとリアルな体験で培われる――新井

新井　そうは言っても、日常的なレベルで普通の人がGoogle翻訳の壁を超えようと思ったらそれはそれは大変な努力が必要です。ＡＩは中途半端に結構よくできるので、そこがかえって曲者《くせもの》ですね。

佐藤　つまり今後はさらに、ＡＩリテラシーを備えたエキスパートという、ごく限られたスーパーエリートに情報も貨幣も集積していく。

ではどうやってリテラシーをつけていくかですが、新井さんは非常に人間的な感覚の強化を提示しておられます。

新井　はい。「教科書が読めない」、つまり読解力のない人間は、ＡＩ時代に生き残ることができません。では読解力さえあればすべてＯＫかというと、そうではない。もう一つ必要なものがあります。それを私は「ゴリラ力」と呼んでいます。

佐藤　ゴリラ力。

新井　人間になる前にまず、類人猿にきちんとなる。猿人類の何がえらいかって、食べ物をみんなで分け合うんですよ。ボスが、メスやほかの弱いオスにも分けて上げる。それから、子どもと激しく遊んであげます。馬とか羊は生まれてすぐに歩けるけど、ゴリラって無力な期間が長いでしょう。子どもはおんぶされて、食べさせてもらって、遊んでもらって成長する。このときに遊んであげるのは、オスのボスゴリラの役割らしいんです。でもゴリラって子どもと大人じゃ大きさも力も差がすごいじゃないですか。ちょっと払い除けただけでも、うっかり子ゴリラを殺しちゃうかもしれない。だからオスゴリラは子どもが自分の背中で好き勝手に飛び跳ねて遊んでいても、びくともせず遊ばせてあげている。

　人間も本来はそうあるべきで、子どもはそうやって大人に遊んでもらいながら、コミュニティのなかでリアルな体験を積み重ねていくことで、ＡＩに代替不可能な様々な感性を育《はぐく》んでいくんです。

佐藤　なるほど。

新井　子どもって1歳すぎると歩き出し、いろいろな物に興味を持つでしょう。ちょっと歩いては立ち止まり、しゃがんで蟻を見たり、草や石を見たり。今はバギーに乗せてのお散歩が増えていますが、特別な事情がなく、歩けるならそうして好奇心のままに歩かせてあげてほしいんです。何かを判断する力って、そういう世界のリアリティに触れることで培われていきますから。まあ疲れると泣くし、抱っこが大変だからバギーに乗せたい気持ちはわかるんですけど。すべてが人生の土台となる貴重な経験なので、大人はできるだけゴリラのように忍耐強く付き合って、経験を見守ってあげてほしい。

佐藤 わかります。でもゴリラ的な子育てはゆとりが必要でしょう。いまや中産階級の上層以上でないと難しいかもしれない。

新井 お母さん一人で全部乗り切るのは、ゴリラでも無理です。人間のコミュニティに関してはもう、子ども食堂と、複数の家族がひとつの建物をシェアして家事や育児も助け合うコハウジングしかないですね。

例えばシングルのお母さんは、6世帯ぐらいでコハウジングしてみんなで子どもを育てる。そうして外部と接していけたら、ゴリラ力もある、語彙《ごい》が豊富な教科書の読める子に育ちます。

佐藤 委《ゆだ》ねて守られる安心感と、それを支えるコミュニティが必要なんですね。

新井 特にこれからの子はAIネイティブです。文字を知らなくてもYouTubeをスワイプできる。検索の必要すらなく、AIがサジェストした、用意された情報のなかしか知らずに大人になる危険性が、十分にあります。

佐藤 非常に閉じた世界で、外部がなくなってしまう。

新井　そうなんですよ。うちの娘は大学に入るまでケータイ、スマホ禁止です。子ども部屋にテレビがあるのも意味わかんないですね。必要ありません。

佐藤　ヨーロッパでは基本そうですよね。子どもに安易に情報機器を与えない。

失職の可能性が高いのは、大人でも「教科書を読めない」人 ――新井

佐藤　いわゆる中高一貫のエリート校で教えていると、文章の読み書きだけなら12歳でも完成したレベルの生徒がいます。でも自分と同質の人間とだけ付き合っていると、多種多様な人間の心情が理解できなくなるリスクがある。となると政治家やマネジメントの仕事には向かない。公立学校

でいろんな家庭環境の子と接する経験というのも、非常に大きな意味があると思います。

新井 大人でも教科書が読めない人って多いですからね。と聞いて、自分は大丈夫、って根拠もなく思う人が危ないんですよ（笑）。

例えば、次の問題は本にも書いた、私たちが開発したＲＳＴ（リーディングスキルテスト）の作問の一つですが。

……　……　……　……　……　……　……

【問題】次の文を読みなさい。

「アミラーゼという酵素はグルコースがつながってできたデンプンを分解するが、同じグルコースからできていても、形が違うセルロースは分解できない。」

この文脈において、以下の文中の空欄にあてはまる最も適当なものを選択肢のうちから一つ選びなさい。
「セルロースは（　　）と形が違う。」
①デンプン　②アミラーゼ　③グルコース　④酵素

………………………………

これは非常に正解率が低かったです。正解は①のデンプンですが、社会人でも間違える人が多かった。なぜかグルコースになっちゃう。

佐藤　いるでしょうね。

新井　きちんと読めていないのに答えてしまう。そういう人はＡＩ時代に失業するリスクが高いと思う。
　大人の場合は何がいちばんの問題かというと、新しい学びに対する不安感が強いことです。教科書や新聞を「読める」人は、例えばニュース記事を読んでいる途中でわからないキーワードが出てきたとき、Google

検索なりWikipediaなりで調べて、ある程度の意味を理解してから先に進みます。

でも「読めない」人は無意識のうちに「調べてもわからなかったらどうしよう」と怖れるから、行動自体を放棄してしまう。調べることなく、わからないまま、理解することを諦めて流してしまうんですね。

結果、自分に都合のいいように読み違える。学ばない。成長もない。そうやって変化を避けているうちにまわりは進化していきますから、いつの間にか茹でガエルになりかねません。

佐藤 AIが発展していくなかで、安易に逃げ切れるだろうと思っている人が、実は一番危ない。

新井 AIの発展が今後の社会にどんな影響を与えるかは未知数です。仕事自体は置き換え不可能でも、業界全体が不況になるかもしれない。だからどの分野の人も油断せず、新しい社会に適応できるだけの読解力を身につけておいたほうがいいです。

もしご自身がゴリラ的な環境で育たなかったからと言って嘆くことはありません。私はこれまでの経験から、論理的思考や読解力は、何歳になっても向上するという仮説を持っています。

危機感をおぼえるビジネスマンの方は、新聞や身近な文章を、とにかく丁寧に読む習慣をつけるといいんじゃないでしょうか。なんとなくわかるレベルで読み流すのではなく、一つひとつの文章を正確に、きちんと理解するまで読む。わからないことは徹底的に調べる。英語版のWikipediaを見て、自分の理解度を確認する習慣をつけるのもおすすめです。そうしてＡＩの得意な暗記や計算と張り合うのではなく、人間ならでは、生き物ならではの柔軟な思考力で、これからの新しい世界を渡っていきましょう。

（対談収録２０１８年８月９日）

どんな分野でも
AI時代に生き残るためには
「読解力」と「ゴリラ力」が必要です
――新井

required reading

『AI vs. 教科書が読めない子どもたち』東洋経済新報社／2018年2月

2011年にスタートした「ロボットは東大に入れるか」プロジェクトにおいて、AIの東ロボくんは東大に合格することはできなかった。けれどプロジェクトから7年が経ち、初年度に受験した予備校模試で45だった偏差値は、57・1まで成長。合否判定でいうとなんとMARCHクラスには楽勝で合格できていた！

一方、並行して行われた全国2万5000人を対象にした読解力調査では、進学率100パーセントの高校を含めた日本の中高生のほとんどが、中学校の教科書を正確に読めていない、という恐るべき実態が判明した。

多くの仕事がAIに代替されるといわれる将来、読解力のない人間は失業するしかない。行き着く先には世界恐慌が待っている……そんな最悪の未来予想図を避けるために、私たちは何をするべきか？

AIの可能性と限界、そして決してAIには代替できない人間的な商いや能力の伸ばし方についても提言する、AI時代必読の書。

第8章

古谷経衡

――猫的人間の自由主義を！

古谷経衡
ふるや・つねひら

作家。1982年、札幌市生まれ。立命館大学文学部卒。一般社団法人令和政治社会問題研究所所長。テレビ、ラジオ、ネット番組などでコメンテーターなども務める。佐藤優氏との共著『日本人の7割が知らない世界のミカタ』(時事通信社)が2024年9月に上梓された。ほか主著に『敗軍の名将』、『シニア右翼』、『ヒトラーはなぜ猫が嫌いだったか』など。自身初の長編小説『愛国奴』は、2019年に『愛国商売』に改題して文庫化された。

今のシステムは、意識を高くして「自分は特別だ」と思わなければ生きにくい ――佐藤

佐藤　古谷さんの『「意識高い系」の研究』、私が教えている同志社神学部の学生たちにも読ませました。彼らの希望する進路は牧師だったり編集者だったりと様々なんですが、いずれにせよ神学部だなんて奇を衒《てら》ったところに来る人間はこの手の意識の高さを内包しているものです。だから「他人事としてではなく、自分のなかにもこの要素があると意識することが大事だ、作者もその視点で書いているから説得力があるんだ」と言い添えて。

古谷　光栄です、ありがとうございます。

佐藤　資本主義的な今のシステムは、意識を高くして「自分は特別だ」と思わなければ生きにくい。その構造をよく分析していますよね。これは社会学の枠組みではできないことなんですよ。統計学的な処理では、そこからあふれるナマの人間の声が出てこない。今の時代を知る非常に良い本です。新しく発表された小説『愛国奴』も良かったですね。

古谷　えっ、読まれたんですか。まだ発売されたばかりですが。

佐藤　もちろん。今のネトウヨ及び行動する右翼を脱構築するという試み。ユニークな経歴があってこその、古谷さんにしか書けない小説ですね。もともと文芸に興味があったのですか?

古谷　どちらかというと映画のほうが好きで、学生時代は大学に行きながらWスクールで映画の専門学校に通って勉強していました。ぴあフィルムフェスティバルに応募して学生デビューする〝はず〟だったんですけど、その才能がなくて大学に戻って、なんとか7年で卒業して……それが駄目なら小説家に、などと夢想していたのですが、21作目にしてフィクションを世に出す念願が叶いました。

佐藤　著述の道へ入られたきっかけは？

古谷　知人がオークラ出版で『撃論ムック』（現在は廃刊）をやっていて、その周辺の縁で評論デビュー作『ネット右翼の逆襲――「嫌韓」思想と新保守論』を書きました。その辺りから紆余曲折あって……という経験が『愛国奴』に生きているとは思います（笑）。最初はノンフィクションで書くつもりだったんですが、編集者に「訴えられる可能性がある」と言われて小説にしました。構想を含めて3年かかっていますが、あくまでもフィクションです。主人公の性癖も僕には関係ありません（笑）。

佐藤　面白いです。私が書いた『外務省ハレンチ物語』は、ほぼ実在のモデルがいますけれどね。あの人たちには毀損されるような名誉はないと思っています。プライバシーの暴露はありますが、公務に影響を与えるだらしない私生活については明らかにしたほうが公益に適う、と私は考えています。

もっとこう、凄まじくひどい、救いようのない小説を書いてみたい　――古谷

佐藤　それにしても、古谷さんの面白さは右やら左やらにとらわれない自由さですよね。最初はいわゆる右側の論客としてスタートしたけれど、さまざまな経験から自分で判断をして「右でも左でもない」視点を構築された。それにかなりの読書家だと推察します。

古谷　本は好きです。佐藤さんの本も読ませてもらっていて、紹介されている本からもよく新しい視点をいただいてます。

佐藤　ありがとうございます。読書家は物事を相対的に見るから、偏った知識で猛進するタイプとは相容れないんですよね。これからはどんな仕事をしたいとお考えですか。

古谷　僕は学もないし計画性も野望もないし、社会貢献にも別に興味ないし……。その時々で思ったことを書いて、そのうち猫科の猛獣に囲まれてのんびり暮らせたらいいなと思うくらいで。ただ今回の『愛国奴』で、小説をもっと書きたいとは思いました。もっとこう、凄まじくひどい、救いようのない小説を。

佐藤　古谷さんの、どの立場にもおもねらない自由な表現に期待している人は、私以外にも多いと思いますよ。

古谷　怒っている人も多いですけど（笑）。

佐藤　きっと民主主義とは相性があんまり良くないんですよ。民主主義って結局、平易巡回してみんな同じく言うことを聞け、ってことでしょう。でも自由主義とは相性がいい。自由主義者には、猫が好きな人が多い。古谷さんもお好きでしょう、猫。

古谷　はい（笑）。今は12歳の茶トラがいます。

佐藤　茶トラ？　体重は何キロですか？

古谷　7キロです。かわいいんですよ〜も〜。

佐藤　茶トラはでかくなるよね。うちは5頭のうち2頭が茶トラと白茶ブチで、7キロと12キロ。

古谷　たぬきさんじゃないですか、大きくてかわいい〜！

佐藤　太って大きい猫が大好きなんです。ただ12キロの白茶が本棚の上から私に向かってジャンプを試みるのは困る。さすがに危険を察知して避けます。

古谷　かわいい〜。僕も冬は全裸で猫だきしめてぬくぬくするんです。すぐ逃げられちゃうけど、たまんないです。

佐藤　猫好きな自由主義者の考えは、ざっくりいうと「オレに触れるな」なんですよね。好きにやらせろ、と。

古谷　チャーチルも猫好きですもんね。

佐藤　逆にいうと、民主主義が大好きな人は犬好きな人が結構多い。警察官や自衛官は犬好き率が多いと思う。

息苦しい閉塞状態を打破するには猫的人間が２割ほど許容される社会の維持が重要な課題になってくる ――佐藤

佐藤　会社とか組織では、犬派：猫派が８：２くらいがバランスいいんです。猫だけの会社はなりたたない。勤務時間中も仮眠室が定員オーバー、みたいな状況になっちゃう。かといって犬10の組織は閉塞状況に陥って自滅しちゃう。

古谷 今の社会も大きくみたら8：2なのかも。でもやや9：1よりになってきていますよね。

佐藤 日本はそういう教育をしてきているから。だから息苦しくて、意識高い系に行っちゃうんですよ。それも極まると非常に危険。例えば健康とか有機農業だとかに固執する団体でいうと、過去にはナチスの例もある。エコ右翼は危険ですよ。

古谷 エコ右翼！　土への執着と国粋主義は結びつきますものね。たしかに〝純潔なるもの〟へのこだわりの強さって、排他的な、ファシズム的な発想にも近いですね。

佐藤 なにかあるとすぐに被害を訴え、規制を声高に叫ぶ自称リベラリストにも実はその要素がある。もっと多様性を認める、せめて猫的な人間が2割ほど許容される社会をどう維持するかは重要な課題です。そのためにも古谷さんにはぜひ、独自の視点で閉塞状況を突き抜けて行ってほしいです。

古谷　励みになります！　次は、童貞がリア充を全部ぶっ殺す、というような業にまみれた小説を書いてみたいです（笑）。

（対談収録２０１８年６月８日）

〝純潔なるもの〟へのこだわりの強さって、
ファシズム的な発想に近い　——古谷

required reading

『「意識高い系」の研究』 文春新書／2017年2月

とてつもなく高い自己評価、根拠なき自信、そして他者への見下しや蔑視。むろん、それが客観的に確たる経験や実績に裏打ちされたものであるなら、まだ得心が行く。しかしそういった「実態」がまるでゼロであるのにもかかわらず、己の自意識のみが肥大していくこういった連中を現在では広く「意識高い系」という。（「はじめに」より）

「これは自分の物語でもある」と語る著者がSNSに巣くう現代人を徹底解剖。鍋パーティーや一流ホテルのバイキングにおける奇妙な振る舞い、SNSに上がる不自然な画像、ハロウィン、ノマドワーカー、愛国男子・女子……。「リア充」でも「意識が高い人」でもない彼ら彼女らの大義、そして真の欲望とは？

『ネット右翼の逆襲　——「嫌韓」思想と新保守論』 総和社／2013年4月

ネトウヨ（ネット右翼）＝低学歴、低収入、オタク、ひきこもり、童貞、過激な排外主義者……？

「本当にそんな最低最悪なマンガみたいなヤツがいるのか?」と約1000人の「ネトウヨ(とサヨクから呼ばれそうな人物)」にアンケート調査・取材をした著者がその実態に迫り、さらなる闇(日本人差別、反日メディア)を逆照射する、著者渾身のデビュー作。

『愛国奴』

駒草出版/2018年5月 小学館文庫より『愛国商売』と改題して文庫化/2019年1月

主人公の南部照一は、ちょっぴり右寄りでオタクな猫好きの青年。某警備会社が主催する懸賞論文での入選を機に保守ムラの論壇に出入りするようになるのだが——?

『ネット右翼の逆襲』から5年。保守系・右派言論界を舞台に、カネ、利権、憎悪、嫉妬、報復、狂気が蠢く世界を描いた、生々しい実録風(?)ネトウヨ小説!

第9章

塚越健司

――陰謀論と情報リテラシー

塚越健司

つかごし・けんじ

社会学者。城西大学助教。1984年生まれ、東京都出身。専門は情報社会学、社会哲学。近著に『ニュースで読み解くネット社会の歩き方』。メディア出演も多く、TBSラジオ「荻上チキ・Session」、TOKYO FM「ONE MORINING」にレギュラー出演中。

人を見る目を養うのが難しい時代になっている――塚越

佐藤　塚越さんが『ニュースで読み解くネット社会の歩き方』でも指摘されていた通り、誤った情報のネット上での拡散は年々大きな問題になっています。陰謀論という言葉もずいぶん頻繁に聞くようになりました。古くはユダヤ・ロスチャイルドにまつわる陰謀論など、どの時代にも存在するものですが、荒唐無稽と笑い飛ばすには難しい問題も含んでいますよね。反権力、反エリート主義の心理とも絡み合っています。

塚越　はい。大学で講義を行っていると、数百人のうち数名はマスコミに対する不信感をあらわにし、なかにはかなり強い言葉で既存メディアを嫌う受講生もいます。一方で、数年前に教えていた学生から「付き合っている彼女が陰謀論にハマって、謎のセミナーにも参加しているみたいで心配だ」とLINEで相談されることもあります。

佐藤 コロナやワクチンに関する議論にしてもそうですが、異なる意見を持つ人間同士はお互いのことを「陰謀論に騙されている人」と見なしているわけですね。

塚越 意見の異なるグループ同士で議論を行うとき、お互いを攻撃し合うことで亀裂が深まり、両者の思想がより先鋭化する「集団分極化」と呼ばれる現象もあります。

佐藤 実際にファクトとは何かを証明するのは難しいから、平和的に議論をしようと思っても平行線に陥ってしまう。

塚越 インターネット上には多数のファクトチェックサイトがありますが、残念ながら陰謀論者に対してはあまり効果が期待できないと思います。

理由は二つあり、一つはそもそもファクトチェックサイトに関心を払う人々は陰謀論にハマらない。もう一つは、ファクトチェック団体でファクトチェックを行うのは、多くの場合既存メディアのジャーナリストです。そもそも既存メディアに疑いを持っている人々からすると……。

佐藤　どうせディープステート、いわゆる裏の政府、影の政府がやっているのだから信用に値しない、という捉え方になる。

塚越　そうなんです。ファクトチェックの試み自体は重要なのですが、その試みをどのように伝えていくかは、今後の課題だと思います。

しかもＳＮＳの情報は、断片的で断定的なものが多い。それでいて流れが速いので、発信者がどういう動機で動いているか、という点まで想像する余裕がなくなっているのでしょう。その意味では、人を見る目を養うのが難しい時代なのかなという気もします。

佐藤　ロシアでホンモノの陰謀家に何人か会っておくといい経験になるんですけどね。

塚越 含蓄のあるお言葉です（笑）。

ディープステートも陰謀もあるけれど計画通りにはいかないもの——佐藤

佐藤 ただ、いくつかの陰謀論批判を見ていて感じるのですが、「ディープステートなんてものはない」と盲目的に信じてしまうのも危ない。民主的統制の利かないところで国家の意思形成がなされている部分はどの国にもあります。塚越さんは、ディープステートはあると思いますか？

塚越 偶発的な出来事が重なって生じるイメージがあります。悪のボスがいて裏で操っている、というよりも。

佐藤　そうですね。実態は悪の組織などではなく、特定の大学サークルやある地域の出身者というような、属人的なネットワーク、コネを持ったエリート集団です。

塚越　それは一般人の集まりですか。

佐藤　例えば現在の日本でいうと、開成高校のOBたちです。岸田文雄氏が内閣総理大臣となり、つまり開成会内閣が成立しましたから、今後は「日本を牛耳る開成会」のような見出しが頻繁にメディアに出ると思いますよ。ただし彼らが何か陰謀を企んでいるかというとそんなことはない。あくまでも学生時代の先輩後輩関係の延長、もっといえば男子校特有のホモソーシャルな学園祭のようなノリなんです。

塚越　アメリカ東海岸のアイビーリーグみたいですね。エリート社会を牽引する卒業生を数多く輩出する超難関名門私立大学8校。特に最難関のハーバード大学やイエール大学は（少なくとも初年度は）全寮制ですから、学生同士のつながりも深い。

佐藤　はい、一緒です。一昔前なら東京大学のボート部、日本大学の相撲部なども強かった。そういう、国家から公式に任命されたわけでもなければ特別な資格もない、政治家でもない人たちが政界中枢の人物の周りにいて、重要な意思決定に関わっている。

この傾向はコロナ禍でさらに強まっていると思います。時間をかけていると国民の生命・身体・財産を守れないから、意思形成のプロセスをショートカットしたい。となると、身近にいる信頼のおける人の意見を参考にしますよね。そうして相談に乗る彼ら自身には、特別なメリットはありません。友達や先輩後輩に頼まれたから専門知識を貸してやっている程度の認識であって、陰謀どころか、下心も悪意もないんです。

塚越　陰謀ではなくても、見えないところで行われる意思決定というものは、ある種の不安と結びつきやすいですよね。

佐藤　本当に陰謀を企てる人たちは別のところにたくさんいますよ。特捜検察なんて日常的に陰謀を企てています。永田町も陰謀の世界です。

ただしそうやって仕組まれた陰謀が計画通りに行くことはありません。なぜなら外的な様々な力が働くから。
ディープステートはある、陰謀もある、けれど仕組まれた通りの結果になることはない。それを踏まえておくだけでも、だいぶ世の中の見方が変わってくるんじゃないでしょうか。

人間は「大きな物語」を作ろうとするから稚拙でもわかりやすいストーリーや極端な意見に吸収されやすい
——佐藤

塚越　もう一つ気になっているのが、ファクト軽視の傾向です。学生などの意見を見聞きしていると、以前は自分たちなりにネットリテラシーを意識して、「ネットの情報は、精査して正誤を区別しなければならない」という考えを持つ人が多かった。しかし最近はどうも、前提が変わってきている。正しい情報を自分が判断できるとは、そもそも思っていないようなんです。

「間違えることを前提とする」という姿勢は、良い面もあります。反面、事実がわからないとなったとき、結局自分に都合のいいものを事実として精査せずに受け入れる人も増えてしまう。すると何が起こるかというと、例えば第一線のプロフェッショナルな研究団体が発表した内容に対して、専門知識のない素人学生が「それは事実ではない」と、ろくに調べもせず、どこかで聞きかじった情報だけを根拠に言い切ってしまう。間違った情報で自分たちを騙そうとしている、陰謀だ、と。しかも信じる先は経歴等の出自がはっきりしないSNSアカウントやYouTuberです。彼らの意見を、伝統的な専門集団や有識者の意見と比較検討すらしなくなっていることに、危惧を抱いています。

佐藤　今の大学生以下の年代は、ポストモダンの影響下にありますからね。
　フランスの哲学者ジャン＝フランソワ・リオタールは、１９７９年に発表した著作『ポスト・モダンの条件』において「大きな物語」という言葉を提唱しました。これは近代の世界観を構築してきた、知性や科学によって編み上げられてきた歴史観と言えるものです。ポストモダンはこの「大きな物語」に不信感を持ち、価値相対主義をベースに物事を捉えるようになりました。

塚越　そうなると、情報に対する防御力がどうしても弱くなってしまいますね。絶対的な基準がなければ親も社会も、自分すらも信じられない。そのような、何にも価値を見いだせないと思っているときに、何かそれらしいことを言われると簡単に信じてしまう。

佐藤　そう、人間は自然と「大きな物語」を作る動物です。したがって稚拙であってもわかりやすいストーリーがあるものや、極端な意見に吸収されやすい。ナショナリズムはいい例で、貨幣信仰、学歴や出世信仰もその一種です。

塚越　信じるという体《てい》ではあるけれど、実態としては不安の埋め合わせ、つまり精神的な依存のようなものなのでしょうね。

佐藤　しかも、自分の本心から選んでいるわけでもない。イギリスの経済学者ケインズは、株式を始めとする金融市場の動きを「美人投票」にたとえました。どういうことかというと、100枚の女性の写真の中から、自分が美しいと思う女性を一人選ぶというコンテスト形式を行い、さらにもっとも多くの票を獲得した女性に投票した人に賞金が支払われる、というルールがあったとする。すると投票者は自分の好みではなく、みんなが投票しそうな人を予想する。株も同じで、ほかの投資家が投資しそうな銘柄を予測することが大切だと提唱した。これを現在、日常生活でやっている人が非常に多いですね。好き嫌いといった主観、自分なりの判断基準すらなく、まわりを見て、みんなが良いと判断しそうな情報に便乗して評価しているでしょう。

塚越　自分で自分を騙しているというか。

佐藤　そのほうが楽ですからね。考えなくていいし、責任逃れもできるから。

真面目な人、知性の高い人ほど、陰謀論にハマりやすい印象がある――塚越

佐藤　ただし高等教育を受けて思考力があるから陰謀論にハマらないかというとそうも言えなくて、偏差値主義者で陰謀論にハマる人はいくらでもいます。むしろ多いかもしれません。

塚越　たしかに、真面目な人、またトンデモ理論を自分で検証して理論を組み

立てることができてしまうような、知性の高い人ほどハマりやすい印象はあります。さらに、仲間内でその知識を披露するとみんなが褒めてくれますから、所属意識も持てる。

実はこの所属意識が、いちばんの問題のようにも思います。佐藤さんは『ビハインド・ザ・カーブ―地球平面説―』という、アメリカで地球平面説を唱える人々に関するドキュメンタリー映画はご覧になりましたか。

佐藤 見ました。一般的に「地球は丸くない、平面である」と言っても理解されないでしょうが、彼らはごく真面目に、真剣に信じて活動をしているんですよね。定期的に大規模なシンポジウムも開催されている。

塚越 ええ。そこで印象的だったのは「いつも自分はバカにされてきた。でも、ここに来ればみんなに会える」と、本当に嬉しそうに話している人がいたことです。ああ、ここは彼らにとっての〝居場所〟なんだな、と非常に腑に落ちました。何も信じられない時代だからこそ、何かを信じたい、すがりたい。そういうとき、極端な思考を支持したほうが、それ故に同じ考えの人々と強い「つながり」を持つことができる。潜在的にはそのような意識が働いているのかなとも思います。身近な家族や友達に弱音や本音を話せていたら、そのような極端な思考にはならないのかもしれない、と。

佐藤　だからこそ強い否定は逆効果になりますね。たとえ意見の違う相手であっても、お互いの意見を尊重しつつ、根気強く対話を試みる。決して追い詰めない。こういったコミュニケーションは陰謀論に限らず、対立した意見の場でこの先より重要になってくるでしょう。

塚越　そうですね。もしも身近な人が陰謀論にハマってしまい、攻撃的で話ができないような状態にあるとしたら、まず根底にあるものが「不安」である可能性を忘れてはならないと思います。そして自分自身も、考えが偏っていないか、盲目的になっていないか、多角的な意見を取り入れつつ、身近な人と定期的に相互チェックをし合う機会を持てるといいのではないでしょうか。
一方で、身近な人とのコミュニケーションが困難な環境が広がっています。このような状況こそが、陰謀論の蔓延を助長しているようにも思われます。根深い問題です。

（対談収録2021年9月28日）

頑なさや攻撃性の裏には「不安」がある
根気よく対話を試み、自らも定期点検を
――塚越

required reading

『ニュースで読み解くネット社会の歩き方』 出版芸術社／2019年3月

私たちはスマホを操縦しているのか、
スマホに操縦されているのか?

主要ＳＮＳの特徴、ネットと企業、広告、セキュリティ、著作権ほか、時事ニュースとして話題になったキーワードのうち、押さえておきたいネットにまつわる情報をピックアップした社会時評。かつて著者が出演していたラジオ番組「荒川強啓デイ・キャッチ！」（2019年3月末終了）の「ニュースクリップ」コーナーで紹介された、ネットに関するニュース解説を再構成したもので、ネットリテラシーの大切さが具体例とともによくわかる。

ネット社会が進化することによって私たちはどんなメリットを享受できるのか。逆に、進化により考えうるデメリットは何か。
何を道しるべにしてネットと向き合えばいいのかを知りたい人に。

第10章

名越康文

――人間関係で振り回されないために

名越康文
なこし・やすふみ

精神科医。1960年生まれ、奈良県出身。相愛大学、高野山大学、龍谷大学客員教授。専門は思春期精神医学、精神療法。臨床に携わる一方で、テレビ・ラジオでコメンテーター、映画評論、漫画分析など様々な分野で活躍中。著書に『SOLO TIME(ソロタイム)「ひとりぼっち」こそが最強の生存戦略である』『【新版】自分を支える心の技法』など。

海外では神学と哲学の土台の上に心理学がある
――名越

佐藤　名越さんは精神科医として医療の現場にいながら、仏教にも深く通じています。医療従事者が恵徳するケースは昨今は少なくありませんが、同じ1960年生まれとして、若い頃から医療と並行して宗教を学んでいる医師は珍しいと思いました。広く提唱しておられる仏教心理学について書かれた『どうせ死ぬのになぜ生きるのか』、そして2017年に上梓された『SOLO TIME（ソロタイム）「ひとりぼっち」こそが最強の生存戦略である』を読みながら、ふと、ご出身である奈良の風土とも関係が深いのかなと感じていたのですが。

名越 そうですね、土台にはあるかもしれません。20歳の頃、進路に迷ってうつ状態になったときに仏教書を手にとり、瞑想を始めて気持ちが楽になりました。でも40代半ばに大阪から東京に出てきて、また様々な壁にぶつかって……。本格的に仏教を学び始めて12年ほどになります。初期仏教から入り、サティ（特定の物事を常に心に留めておく能力、その修行。念、マインドフルネスとも表現される）や、インド最古の瞑想法と言われるヴィパッサナー瞑想を4ヵ月続けました。そうしてインド大乗仏教の思想である唯識《ゆいしき》や中論を勉強したのちに、真言密教の大阿闍梨様と縁があって、現在までずっと通っています。

佐藤 同志社の神学部では、3年かけて仏教をやるんですよ。1年目は阿毘達《あびだつ》磨《ま》（アビダルマ）、2年目が中観《ちゅうがん》、3年目が唯識。そこから現代の様々な仏教教団の話になるので、インド仏教学が中心になっていくんですけど。

名越 いまロシア正教の独特の世界観にも非常に興味があって、佐藤さんに教えを請いたいくらいです。というのも、日本の心理学にはいくつも盲点があるんですよ。　例えば海外では神学と哲学があった上で心理学があります。少なくとも心理学が誕生した時点ではそうでした。

　ところが日本では哲学・神学のような土台のないところに、ポンと心理学が輸入されてきた。だから精神医療の現場での最終的な治療目標が、わかりやすく社会適応性になってしまいました。社会に適応することが果たしてその人にとって正解なのか。本来の自分とは何者なのか、という議論が完全に排除されているんです。

話の通じない人間やおかしな環境とは接点を減らすのも正しい処世術の一つ　――佐藤

佐藤　社会適応といっても、組織には必ず変な人間がいますからね。特に官庁や大組織は、明らかにおかしい人間も状況も矯正しないから、変人が増殖しやすいです。

名越　自浄作用が働かないわけですね。「この疲弊した組織をなんとかしよう」と思う真っ当な人は弾き出されてしまう。

佐藤　そういうチャレンジャーのことを我々は「星飛雄馬型」と呼んでいました。外務省でいえば、僻地に飛ばされます。それを見る残った人間は、組織の仕組みを矯正したり戦ったりする労力を払って僻地に行くより、数年我慢するほうを選ぶようになる。どんなにおかしい上司や部下がいても、2、3年で人事異動がありますから。

名越　一つの生き残り戦略ではありますよね。スケープゴートといって、仕事のできない人間をあえて一人置いておくことで、何かあったときにその人に押し付けるというのも、組織だとよくある話です。良し悪しは別として。

佐藤　ほとんど無意識でやっていますからね。やられたほうは忘れないけど、やったほうは罪悪感もない。組織が有機体として生き残ろうとしたときはそんなものです。きれいごとは通用しない。

名越　よく言われるパワハラやいじめって、言い換えれば暴力や人権侵害です。れっきとした犯罪であって、そんなものが横行している場所にいたらうつ病や過労死まっしぐらですよ。

佐藤　話の通じない人間やおかしな環境とは接点を極力減らすのも正しい処世術の一つです。

名越　最近は「SNS疲れ」という言葉も引っかかっています。重度のうつ病だとか、深刻なものも含まれているのに〝疲れ〟で見過ごされているのを見ると、精神科医としては「早くその場から逃げろ！」と言いたくなる。

佐藤　SNSは同好の士と簡単につながれるけれど、小さな差異で簡単に綻《ほころ》びますからね。

名越　しかも対立意見があったとき、歩み寄って意見をすり合わせるのではなく、いかに相手にパンチを入れるかが目的になりやすい傾向もありますし。

佐藤　そもそも対人関係って、昔からわずらわしいものですよ。夏目漱石や森鷗外だって頭を悩ませている。近代的な自我が成立する前だって、例えば『忠臣蔵』、じいさん一人やっつけるのにあんな野蛮なことをして、最後に全員ハラを切らなきゃいけないとか。ものすごく面倒くさいじゃないですか。

名越　そこから逃げる人のほうに共感しますよね。でも嫌とはいえない状況だったんだろうなあ。

佐藤　いまだって、ウクライナ東部、沿ドニエストル国境あたりはボランティアの義勇軍が警備していることになっていますが、実態はほぼロシア軍の強制休日出勤です。

人間は簡単に洗脳にかかります　そして自己洗脳がいちばん強い　――名越

佐藤　私自身も、外交官としてモスクワ大使館に赴任して間もない頃に似たようなことがありました。上司から「休暇中に〝ある作業〟をやってほしい」と依頼されたんです。休暇中、業務時間外ということはつまり個人の責任ですよ。そんなのヤバイ話に決まっているじゃないですか。親しく思っていた別の上司に相談したら案の定「それは危ないから、断ったほうがいい」と言われました。ところが2日後にその上司からも「やはり引き受けるべきだ」と忠告されたんですよね。手のひらを返したように。

名越 うわ、その2日の間に何があったんでしょうね。怖いなあ。

佐藤 幸いその話はさらに二転三転して結局やらずに済みました。けれどそういうふうに、味方と思っていた人間が豹変することはその後も珍しくはなかったから、仕事の人間関係でベタベタすることはいっさいありませんでした。自分も含めて人間は必ず悪事を働くものだと思っていますし、忠義を尽くしたところで組織に守ってもらえるとも考えない。自分の身は自分で守ることに関しては、ロシアと外務省でかなり鍛えられました。

名越 事実は主観によって異なりますしね。患者さんの訴えに対しても、全面的に信じて寄り添えるかというと難しさがあります。不穏状態（落ち着きなく興奮したり急に攻撃的になったりした状態）の人物と接していて命の危険を感じた経験がなんべんかありますし、患者さんのお父さん、お母さん、兄弟や学校の先生など身近な方に会って話を聞くと、同じ事柄についてそれぞれが違う叙述をする、というのもよくある話です。

佐藤　芥川龍之介の『藪の中』のような。それも仏教的な世界観と非常に関係しますね。

名越　その通り。諸行無常です。だからその人を信じる信じないというより、全ての人が主観でもって、自分の都合のいいように現実を見ているのだ、と常に思っています。人間は簡単に洗脳にかかりますよ。そして自己洗脳が一番強い。

佐藤　思い込み。それも防衛本能ですよね。

名越　だから行き詰まりやすい人には、「所属する場所を複数持ったほうがいい」とよくアドバイスをしています。別の価値観を持つ集団に所属しておくと、ある組織のおかしな状況に呑み込まれそうになった際にも我に返りやすい。ハードワーカーこそ、仕事とはいっさい関係のない趣味の時間と場が必要です。ゲームでもアウトドアでもボルダリングでも、なんでもいいんですが。

まわりの顔色を窺っているだけじゃ組織で生き残ったって苦しいだけ——佐藤

佐藤 ヨーロッパやロシアだと、教会も息抜きの場所としての意味合いが強いんですよ。仕事の上での役職とは、ヒエラルキーが全く異なる空間ですから。そして牧師も、信徒が相談に来たときに親身になりすぎないほうがいいんです。ただでさえ懺悔で恥ずかしい話や悲しい話を共有するわけで、あまり距離が近くなると共依存のようなグロテスクな関係になりやすい。そうなると牧師本人も、事実を捻じ曲げてしまいかねない。

名越 息抜きは人や組織に依存しすぎないものがいいですよね。40過ぎたら一つ、50過ぎたら二つ、60過ぎたら三つ、というふうに、趣味あるいは居場所を増やしていけたら理想的かなと。没頭できる何かがあれば、つまらない人間関係で振り回されることもない。本気で自分が楽しんでいたら、人にもそれを伝えたくなる。中途半端な自己主張だと叩かれるかもしれないけど、そこまで自己実現できたら、何か言われても気にならなくなります。

佐藤　まわりの顔色を窺っているだけじゃ、その組織で生き残ったって苦しいだけです。かといって、一人きりで生きていけるわけでもないからね。

名越　もっとも真剣になれるものを見つけるには模索する時間も必要だから、いろんなことをやってみたほうがいいですね。

もし今現在、周囲の雑事に振り回されて気持ちの晴れない状況にいるのであれば、瞑想まではしなくても、きちんと睡眠時間を確保して午前中に体調を整えるだけでも気持ちってがらっと変わります。毎朝つめたい水で顔を洗うとか、ゆっくり深呼吸を10回繰り返すとか、仏壇があれば般若心経一巻だけ唱えるとか。仏教では「行」と言われるものですが。できれば複数の場所に所属して、何か気持ち良く一日を始める習慣を持つ。それを続けたら、だいぶ他者や環境に振り回されにくくなると思いますね。

（対談収録2019年6月4日）

精神医療の現場では、
社会に適応することが
その人にとって正解なのか
本来の自分とは何者なのか
という議論が排除されている

——名越

required reading

『どうせ死ぬのになぜ生きるのか——
晴れやかな日々を送るための仏教心理学講義』PHP新書／2014年11月

カウンセリングに訪れる人たちの「なんとなく空しい」「生きているのが辛い」「どう生きたらいいのかわからない」という悩みに本当の意味で応えるためには、僕自身が「どうせ死ぬのになぜ生きるのか」という問いに向き合い、答えを出していかなければならないのではないか、と感じるようになりました。（本書より）

日々の悩みの根底にある「どうせ死ぬのになぜ生きるのか」という疑問。仏教こそがその疑問を解決する答えだとする著者が、日常生活に取り入れやすい仏教の学びについて紹介する仏教心理学入門書。

姿勢を整えて呼吸をする、眼鏡を拭く、朝シャワーを浴びる、アイロンをかける……そんな誰にでも実践できる「行」の力やその思想、最重要な行としての「瞑想」のやり方、現世で善行を積むための「方便」を中心に、怒りやネガティブな感情を抑える方法や、仏具・仏教施設の活用法なども具体的に伝授する。般若心経の全文も掲載。

「自分の人生をもう少し充実させたい」「毎日をもう少し明るく生きたい」そんな希望を持つ人に。

『SOLO TIME（ソロタイム）「ひとりぼっち」こそが最強の生存戦略である』
夜間飛行／2017年6月

日ごろの人間関係からいったん手を離し、静かで落ち着いた、ひとりぼっちの時間を過ごす。たったそれだけのことで、何ともいえないような虚しさが、ふっと楽になった、という人は、少なくありません。（本書より）

他人の言葉や常識に振り回されることなく、さらに真の「つながりの実感」を取り戻すための新しいライフスタイルとは？
「部屋を片付ける／旅に出る／古典やSFを読む／大きな決断の前には気分転換をする／他人を変えず自分が変わる／仕事や勉強よりも大切なのは「落ち着く」こと／小さな怒りを払っていく／姿勢を整えてしっかり息を吐く／拭き掃除をする／小さいことから習慣を変える／夕飯ヌキのプチ断食をする／家族や友人、同僚に対して毎回「はじめまして」という気持ちで接する／いつもと違うキャラになる／夜中にひとりで散歩をする」といった、具体的なソロタイム活用法も紹介する、ひとりぼっちのすすめ。

第11章

新雅史

——新旧・東京五輪による街と社会の変化

新 雅史

あらた・まさふみ

社会学者。1973年生まれ、福岡県出身。東京大学大学院人文社会系研究科博士課程(社会学)単位取得退学。流通経済大学准教授。専門は産業社会学・スポーツ社会学。著書に『商店街はなぜ滅びるのか』『「東洋の魔女」論』。

オリンピックはもはや、スポーツ好きの人にどうお金を落としてもらうかというビジネス色の強いイベントになっている ——新

佐藤　新さんの『「東洋の魔女」論』を興味深く読みました。東洋の魔女とは、1964年の東京オリンピックで金メダルを獲得した、女子バレーボールチームの呼び名です。私の世代だとぎりぎりその伝説を皮膚感覚で体験しているんですよ。例えば、『サインはV』や『アタックNo.1』などの女子バレーボールをテーマにした名作は、東洋の魔女伝説がなければ生まれなかったはず。1964年の東京オリンピックは、その後の約

10年にわたって日本の文化全体に影響をもたらしたと言えるでしょう。

では、そういった〝物語〟が次のオリンピックでも作られるかというと、そうはならない感じがありますね。いわゆるスポーツにおける国民統合というものが、非常にやりにくくなっている。

オリンピックはもはや、多くの国民が共有する物語を作るというよりも、スポーツ好きの人にどうやってより多くのお金を落としてもらうか、というビジネス色の強いイベントになっていますよね。

新

主催者側の意識も相当違うと思います。1964年の場合は東京オリンピックをどう成功させるかということだけを考えていたでしょうが、今はオリンピックそのものより、跡地再利用のほうに目が向いている。

大阪万博も同じです。メガイベント用に用意されたインフラを使っていかにスポーツ産業や、カジノ……というと直接的すぎるかもしれませんが、ライブエンターテインメントなどの新しい産業を牽引していくかという観点が強く出すぎている。そうでなければ開催前から「レガシー」

という言葉は出てこないと思うんです。

佐藤　IR（統合型リゾート）や東京オリンピックの場合は住宅建設ですよね。前回は代々木のオリンピック村をそのまま売却するなんて発想はなかった。まぁ当時の日本は戦後復興中の途上国であったわけですから、目先のことでいっぱいいっぱいだったのでしょうけれども。

新　アメリカとの関係性の変化も大きかったと思います。ワシントンハイツで軍用地の返還があって、これから新しい日本、新しい東京をどう作っていくかという前向きな空気があった。

対して今回は、バブル時代のウォーターフロント開発の負債をどう解消するか、というところからスタートしています。1980年代に沿岸部に大規模な埋立地を作ったとき、大量に住宅を作り、新しい産業を誘致し、博覧会を行う大々的な計画がありました。けれど博覧会は青島幸男都知事の時代に中止になって、お台場は一応観光地となってはいるものの、当時の計画規模からしたら成功とはいえません。あの辺りをもっと利益の出せる空間にするということが、東京2020オリンピック・パラリンピックの大きな目的になっていますから、どうしても後ろ向きなイメージが拭えない。

佐藤 不良債権処理の延長上ですよね。

オリンピックから生まれた小さな感動の物語が比較的早く消費されてしまう予感 ——佐藤

新 大阪は東京以上の負債を抱えています。沿岸部の廃棄物処理場を新都心に変貌させる計画が立ったのがバブル期。この構想が頓挫した後、2008年のオリンピックに立候補しますが、大失敗に終わります。数十年に及ぶ開発の失敗を帳消しにしたい。その答えが、2025年に開催が予定されている大阪・関西万博です。完全に不良債権処理のためのメガイベントです。といってもオリンピックも万博も短期間、一度きりですから、それぞれの収益だけではとても負債の解消はできない。だから跡地利用でありIRなんですよね。

佐藤　負の債権を、いかに継続的に収益を生み出せる土地にするかという。慶應大学の菊澤研宗《けんしゅう》先生はそのあたりに言及して、逆淘汰が起こりかねないと警鐘を鳴らしています。要するに、筋のよろしくない話だから、あまりよくない企業が集まってくるのではないかと。

もちろん出場する選手たちはそんなこととは関係なく真剣で、その日に向かって今この瞬間も熱心に努力を続けている。その結果、きっとたくさん小さな感動の物語が生まれると思う。でも、それらは前回の東京オリンピックの東洋の魔女のように社会現象のようなブームを生むことはなく、10年保つこともなく、比較的早く消費されてしまう予感がすでにあります。

そもそも、1984年のロサンゼルスオリンピックから、オリンピック自体がいっきに商業化したといわれています。

私は野球が好きなのでわかりやすいところでいうと、それまでは完全にアマチュアしか参加できなかった野球種目に、プロ野球選手も参加できるようになりました。それから、もともとは同年に開催していた夏と冬のオリンピックを2年ずらすようになり、世界陸上やラグビーのワールドカップができて……。

これは電通とアディダスのホルスト・ダスラーが共同出資をして、スポーツのマーケティング会社を作り、放映権ビジネスを始めた時期と重なります。その合弁会社は2001年に破綻しましたが、スポーツマーケティング業界は現在も、このときに構築された論理で回っているんですね。

わざわざスポーツに適しているとはいえない夏の暑い時期に実施する

のも、アメリカの一大スポーツイベントである、アメリカンフットボールのシーズンと重ならないようにするためですから。

理屈の上で終わっているものがなぜ続くのかを考えることも重要——佐藤

新　それを考えると、先進国ではもう完全に、本来の意味でのオリンピックや万博の役割は終わっているんじゃないかと思ってしまいます。

佐藤　理屈の上で終わっているものがなぜ続くのかを考えることも重要だと思います。単に惰性ではない。今おっしゃったように、資本主義的な論理で、特定の関係者に非常に利益のある構造になっているというのも一つです。ただそれが悪いことばかりかというとそうではない側面もあるのではないかと。

新　安倍内閣の日本再興計画の中で、スポーツ産業は重要視されているんですよね。この先10年で2倍以上に伸びると予測している。その先行投資としてＩＲやスポーツスタジアムを作り、これまでの産業構造とは違う形で都市部に埋め込みたいという意思を感じます。

ただスポーツがどんどんサブカルチャー化して、国民統合のイベントから離れているにもかかわらず国が公共投資をして、さらにそのインフラが特定の産業に受け渡されるとなると、とんでもない利益誘導のような気がしますが。

佐藤　ふと思ったんですが、ＩＲやスポーツ産業というのは、ＡＩ化が進む中で新しい雇用を生みやすいのかもしれません。

例えばカジノのディーラーやお酒を給仕してくれるホステスはロボットにはならないと思います。スポーツジムのインストラクターは、ＡＩ

のインストラクターよりも生身の人間のほうが好まれるでしょう。客観的な数値や正論だけを言われるより、少し丸めた表現でコミュニケーションしてくれて、自己肯定感を持たせてくれるほうがいいじゃないですか。

新　たしかに、自己肯定感って生身同士の関係性のなかでしか発生しない、すごく重要なキーワードかもしれません。スポーツ競技やイベントを考える上でも。機械相手では、難易度のレベルが自由に選べて、偶然性もない。それでは勝っても面白くない。

佐藤　だからＡＩで代替できるけれどもあえて代替しない。囲碁将棋だって、機械との対戦よりも、生身同士のほうが見ていても面白いじゃないですか。オリンピックや万博も理屈で考えたら時代遅れなんだけど、人間の自己肯定感のような変数を入れると、やっぱりどこか合理性があるわけなんですよね。

新　そうかもしれません。生身の人間同士が相争うなかには、人間のある種のいやらしさやコンプレックス、挫折感や、まさに奇跡的な瞬間というものもあって。そういった計算外のものが物語を作る。その物語がある種、見ている私たちが生きていく理由にもなるのかもしれない。だから物語はどんな時代にも必要とされていく……という部分もあるかもしれないですね。

一流のスポーツ選手は最先端医療の最も先駆的な事例の被験者であるともいえる

——新

佐藤 それからもう一つ、スポーツはバイオテクノロジーの発展、つまり、健康・長寿ビジネスとも結びつけやすい。

新　それもありますよね。オリンピックに出場するような一流のスポーツ選手は最先端医療や最先端健康産業の最も先駆的な事例の被験者であるともいえます。例えば無酸素状態で身体を動かす、脳からの指令なしに身体を動かすといった試験が医師の監督下で行われる。

実際に元スピードスケート選手の清水宏保さんは過酷な練習のことを次のように表現しています。「全く人間の教科書にはなかったもの。だからこそ自分で探り当てて、人間の普遍的な能力として世間に提示したい」と。

佐藤　AI＋バイオテクノロジー＋スポーツ。さらにゲノム編集といったものが総合したときの絵はまだ見えていないけれど、可能性として面白い。

新　スポーツの世界ではよくドーピングが問題になりますが、それだけでは語れない側面もあります。エンハンスメントといって、人工的に肉体を補強・強化することであったり、あるいは高地に住む人たちが少ない酸素でも環境に適応していくような肉体の変化や、それこそゲノム、遺伝子の話であったり。

佐藤 ゲノムをいじらなくても、環境要因が肉体を変化させることも考えられますからね。そういったものはやがて、長寿ビジネスのなかに組み込まれていくでしょう。ＡＩでさまざまなデータを解析した上で、「こんなスポーツを生活に取り入れればあなたの健康寿命が延びますよ」と言えるようになるとか。

新 ナショナリズムとしてのオリンピックが盛り上がらなかったとしても、オリンピックが行われることで得られたエビデンスが個人の生活に役立っていく。そう考えると、また違う見方ができるかもしれません。

佐藤さんのおっしゃられた、オリンピックと万博の役割が終わったにもかかわらず続いているのはなぜかという問いは、すごく社会学的な問いだと思います。もっとはっきり言ってしまうと、オリンピックに対して批判的な人が多いにもかかわらず、住民運動が起きて中止にならないのはなぜか。オリンピックだけではなく、ほかの大規模なイベントやそのスタジアム建設にも通じることですが。

例えば、2019年に岩手県釜石で開催されたラグビーのワールドカップ。鵜住居《うのすまい》という、津波で壊滅的な被害を受けたところに、ワールドカップ用のスタジアムが建設されました。誘致が決まってからも、鵜住居地区の住民は半数以上が反対していたんです。でもNIKEのパークができて、ワールドカップのスタジアムも建設されて、ワールドカップは開催された。

僕はもともと空間にすごく興味があります。そして野球が好きで、阪神ファンとしてよくいろいろな球場にも赴くのですが、例えば神宮球場に行くときに、「神宮」という言葉の持つ意味や、ここが過去には青山練兵場として陸軍の軍用地であったことに、思いを馳せる瞬間があります。そういう、空間の断層のようなものや、過去の暴力の歴史が、スポーツを通じてよく見えることもあると思っていて。

佐藤　たしかにそうですね。

新

たとえ歴史に詳しくなくても、多くの人が無意識のなかで感じるものってあると思います。そういった感覚に僕はすごく、興味があります。その場所にかつてあった出来事と、そこで生まれる物語のつながりと変化を、一スポーツ好きの人間として、そして社会学の仕事として、これからも追っていきたいと思います。

（対談収録2019年12月4日）

オリンピックや万博の役割は
終わっているにもかかわらず
なぜ続いていくのだろう
——新

required reading

『「東洋の魔女」論』 イースト新書／2013年7月

1964年10月23日、東京五輪においてソ連との全勝同士の決勝となった女子バレーボール。日本国民の多くが見守るなか（中継番組の視聴率66・8パーセント！）で金メダルを獲得した「東洋の魔女」は、大日本紡績（のちのユニチカ）貝塚工場で働く女工たちだった。

紡績は当時の日本の基幹産業であり、多くの女性が従事していた。戦前には『女工哀史』（紡績工場で働く女性労働者の過酷な生活を綴った、細井和喜蔵によるルポルタージュ）に象徴される悲惨な労働環境もあったなか、企業内のレクリエーションとして始まったバレーボール。第一部は都市とレクリエーション、工場とレクリエーションの関係性を明らかにし、第二部で東洋の魔女が生まれた背景、そして日本の繊維工場から「東洋の魔女」が誕生したことの歴史性を考察する。

第12章

小川仁志

——人生を立て直すための「哲学」

小川仁志
おがわ・ひとし

哲学者。1970年生まれ、京都府出身。山口大学国際総合科学部教授。異色の経歴を持ち、Eテレの哲学番組をはじめ様々なメディアで活躍。「哲学カフェ」を主宰するなど、市民のための哲学を実践。近著に『不条理を乗り越える』『ざっくりわかる　8コマ哲学』など。

型破りな人間を目指す人こそ、まずは基本の型を学んでほしい ——佐藤

佐藤　小川さんは数多くの書籍を出版されていますが、対象読者によって表現を工夫しておられるのが見事だと思いました。例えば古今東西の哲学者と思想を非常にわかりやすく紹介している『中高生のための哲学入門——「大人」になる君へ』では、付録のブックガイドで中高生が実際に読み解けるレベルの原典を薦めています。岩波ジュニア新書とか、光文社古典新訳文庫とか。とても親切でいいですね。

小川　読みやすく、手に取りやすいなるべく薄いものを選びました。私はずっ

と「中高生に哲学を」と口を酸っぱくして言い続けています。まず興味を持ってもらうことが大切なので、『鬼滅の刃』などのマンガ作品を題材にした哲学入門書なども積極的に書いています。ただわかりやすさを重視すると伝えられる内容に限界がありますから、興味を持ったらぜひ実際に原典にあたってほしいとも必ず添えています。

佐藤　私は同志社大学の神学部で教えているんですが、神学部の学生は一通り哲学史を学ぶ必要があります。そこで最初に守破離の話をするんです。みんなには型破りな人間になってほしい、そのためにはまず型を覚えなければならない。「守」で完全に型を覚え、「破」で別の流派を覚える。それから自分流の「離」を培っていく。型のないまま斬新なことをしようとすれば、それはただのでたらめになる、と。

小川　哲学の基礎を学ぶために、どのような教材を使われていますか。

佐藤　具体的には、寺沢恒信・大井正の『世界十五大哲学』と淡野安太郎の『哲学思想史』を薦めた上で、『もういちど読む山川倫理』という社会人向けの倫理の教科書を元に作成した250問くらいのワークブックを使って、約3ヵ月かけて基礎に取り組ませます。

小川　山川はいいですよね。哲学書というと膨大でかつ難解なイメージが強いですが、高校の倫理の教科書をきちんと読めば最低限必要な基礎知識はカバーできる。

佐藤　現代思想でいうと存命しているハーバーマスまで載っていますからね。ただ今までの高校のカリキュラムでは、倫理の授業は必須科目ではありませんでした。どちらかというと理科系の生徒が、単位取得が楽だからという理由で選択していた。

小川　そうなんですよね。2022年度からやっと、高校の授業で「公共」という哲学的思考の学びに近い必修科目ができました。とはいえ、学んだ知識をどう使うかという部分に関しては、教科書や学校の授業ではなかなか教えにくい部分だと思います。理論を理解した上で、自ら実践できるようになる。そこまでできてやっと、学ぶ意味が人生に生きると思っています。

大体の人は常識を破れなくて苦しんでいる
哲学思考を学ぶことは、
常識はずれな視点を学ぶことでもある ——小川

佐藤 小川さんは教育や実践を非常に大切にされていますね。学生だけではなく、一般向けの哲学カフェといった場もサポートしておられる。

小川 哲学カフェは私自身も一緒に学ぶ場です。対話は座学だけでは学べないことが多く、話題や思考の広がりも違います。そうして実体験を通して実践していってこそ生きた哲学だと思っています。

というのも私自身、学生時代は法学部で卒業後は商社に入り、哲学とは無縁の生活を送っていました。20代後半で挫折を経験して引きこもり、人生を立て直すために必死で様々な情報を漁って救いを求めているときに、哲学に出会ったんです。宗教やスピリチュアル系にピンと来なかったなかで、最後にたどりついた砦のようなものだったんですよね。

佐藤　初めから実用のために哲学に触れられたわけですね。研究対象としてではなく。それが良かったのでしょうね。

小川　はい。そしてなんとか潜り込めた市役所で公務員として働きながら勉強を始め、やがて哲学は仕事にも通じることがわかりました。例えば街づくりや、悩んでいる市民の方へのアドバイスにも活かせる。どういうことかというと、だいたいの人は常識を破れなくて苦しんでいるんです。だったら常識を打ち破るような視点を持たないと解決しません。哲学思考を学ぶということは、常識はずれな様々な視点を学ぶことでもあるので、そこで突破口が見つかることが多かった。

ですから私の哲学の定義は、イギリスの作家オルダス・レナード・ハクスリーが書いた『すばらしい新世界』に登場する、「人生において思いも寄らないことがある。これが哲学だ」という考えが近いです。といっても、もともとヘーゲルから入っているので、現実をきちんと見据えた上での発想にはなりますが。

佐藤 なぜヘーゲルに関心を持たれたんですか？

小川 初めに共感したのはヘーゲルが遅咲きだったところです。下積み時代が長く苦労をしたという伝記を読みまして。そこからどうやってベルリン大学の総長になったのかと興味を持ち、ヘーゲルの哲学を学ぶうちに「否定」というものを肯定的に捉える姿勢に惹かれるようになりました。

挫折を挫折としてきちんと認めることも教養、哲学の重要な仕事――佐藤

小川　「否定をどう受け入れるか」は、人生を立て直すという今回のテーマから見ても、とても重要な観点だと思います。

佐藤　私の学生時代に初期ヘーゲルの神学論考の翻訳が出ました。そこでかなり熱心に読んだのですが、42歳のときに再び印象的な出会いがありました、獄中で。樫山欽四郎訳の『精神現象学』を読んでいると、150ページくらいにわたって、頭蓋骨の形は知能や犯罪に関係があるのか否かという話をしているんですが、結論としては「全く関係ない」。これ

が非常に面白かったんですよね。

無意味なことにとんでもない労力をかけて150ページも費やしている。私がやってた外交官の仕事というのも同じだな、と。

小川 それはでも無意味ではないんですよね。ヘーゲルにとっても佐藤さんにとっても。

佐藤 一種の人種主義批判なんですよね。現在のルッキズム批判も遡ればヘーゲルの頭蓋論に行きつく。でもそれは結果論で、ヘーゲルの『精神現象学』を読むと「人生ってこんなもんだ」ということがよくわかる。

小川 いまちょうど、「諦め」についての原稿を書いています。一時期持病のめまいがひどくなってきて、以前のスピードで執筆活動をするのが難しくなりました。ユングの言う「値踏みのし直し」が必要になってきているのではないかと考えたとき、真っ先に思い浮かんだのが、ヘーゲルの『法の哲学』の序文にある「理性を現在の十字架における薔薇として認識し、それによって現在を喜ぶこと」という言葉でした。人生はうまくいかずに諦めることが多い、その際に心を穏やかにするには、過去の自分を否定し諦め、自分と和解することが大事だと。その際に必要なのものは理性、すなわち哲学だと言っている。それがすごく腑に落ちた瞬間でした。

佐藤　挫折を挫折としてきちんと認める。それも教養、哲学の重要な仕事でしょう。それができないと『イソップ物語』の「酸っぱいブドウ」の話に出てくるキツネになってしまう。

小川　手に入らなかったブドウは、どうせ酸っぱくて不味かったに違いないという、歪んだ自己正当化の発想。それでは成長はありませんね。

哲学者の思想や思考のプロセスを学び、それらをツールとして使って問題を解決する

——小川

佐藤 私は50歳になったときに、人生の持ち時間を考えるようになりました。そこから仕事のスタイルを変えて、教育にウエイトを置くようになりました。62歳の今は4時間かかる人工透析に週3回通っていますから、なおさら優先順位を考えざるを得ない。

小川 年齢や健康状態に合わせて、自分のやるべきことを考え直す時期というのは、誰にも訪れるものなのだと思います。そして、それは日本の社会も同じかもしれません。最盛期を過ぎて、方向転換が必要な時期が来て

いるにもかかわらずうまく転換できていないから、問題が増えているような気がします。

佐藤　その通りだと思います。

小川　そこで哲学が必要だと思うのですが、どうすればそれが実践できるのか。私がつねづね学生たちに伝えているメッセージは、とてもシンプルです。「疑って、視点を変えて、再構成して、言語化する」それをするのが哲学だと。ただ誰かが言った言葉を暗記しているだけでは、自分の悩みを解消したり人生を立て直したりはできない。

佐藤　ヴィトゲンシュタインの言葉を借りるならば、「はしごをかけて2階に上がったら、使ったはしごは落とさなきゃいけない」。

小川　はい。哲学者たちの思想や思考のプロセスを学び、それらをツールとして使って自分自身で問題解決をする、それこそ守破離の「離」であり、哲学の実践だと思います。

そして哲学の実践って、終わりがないんですよね。都度の答えはあるけれど、ずっと更新していかないといけない。それが大変で、面白いところでもある。だからフィロソフィー、ソフィア（知）をフィリア（愛）し続けるという名がついているわけです。

（対談収録2022年7月29日）

誰かが言った言葉を暗記しているだけでは、
自分の人生を立て直すことはできない
――小川

required reading

『中高生のための哲学入門——「大人」になる君へ』　ミネルヴァ書房／2022年3月

大人になるって、なんだろう?

ドイツの哲学者カントは、「啓蒙とは何か」という小論の中で、年齢にかかわらず知性の使い方を知らない人のことを「未成年」と呼びました。人からあれこれ教えてもらわないと、何もできない人のことです。小さい子どもはまさにそうでしょう。でも、教えてもらうことで学び、やがて自分の力で知性を使えるようになる。

そうして完全に独り立ちできるようになった時、人は未成年状態から脱するというわけです。(「はじめに」より)

「勉強」「いじめ」「友達」「家族」「恋愛と性」「スマホやゲーム」「進路」といった中高生が直面しやすい悩みを題材に、哲学の実践としてヒントを提示。また社会との付き合い方、大人になるということ、そして自分の意見を持つことの大切さをやさしい語り口でわかりやすく伝えていく。

対談中の佐藤氏の発言にもあるように、巻末には付録として「背伸びすることなく、本当に中高生が読める」古典や入門書14冊のブックガイドを収録。保護者や教育指導者に向けたメッセージにもページを割いた、哲学からはじまる大人入門。

あとがき

1960年1月18日生まれの私は、現在64歳だ。

「電力の鬼」と呼ばれた実業家の松永安左エ門氏が、経済人として成功するためには、闘病生活、浪人（失業）生活、投獄生活が必要という趣旨のことを述べていたが、その通りと思う。

当時吹き荒れていた鈴木宗男疑惑の嵐に巻き込まれて、私は2002年5月14日に当時勤務していた外務省外交史料館で東京地方検察庁特別捜査部によって逮捕された。このとき投獄を経験することになった。背任と偽計業務妨害という容疑を否認したので、私は東京拘置所の独房に512日間、勾留された。この経験がなければ、私のデビュー作となった『国家の罠　外務省のラスプーチンと呼ばれて』という作品が上梓されることもなかった。投獄は私の人生の転換点になった。

私は最後まで無罪主張を貫いたが、2009年6月に最高裁判所が上告を棄却し、懲役2年6ヵ月（執行猶予4年）の有罪が確定した。国家公務員法の禁固刑以上の刑（執行猶予を含む）が確定した者は公務員の身分を失い失職するとの規定により、私は外務公務員（外交官）の身分を失った（自然失職）。ちなみに私は判決が確定した背任（テルアビブ大学が主催した国際学会に学者や外務省職員を派遣した際の予算を外務省関連国際機関「支援委員会」から支出したのが違法行為であるとの認定）、偽計業務妨害（国後島へのディーゼル発電機供用に当たって「支援委員会」の入札活動を違法に妨害したという認定）に関しては、外務省から何の処分も受けていない。

こうして外務公務員の身分を失った後、私は組織に属して働いたことがない。長い浪人生活が続いているわけだ。職業作家として糊口をしのいでいるが、作家というのは文字通り「水商売」だ。読者が離れてしまえば、単なる自称作家になってしまう。もっとも、いつも背水の陣でぎりぎりの場所にいるから、面白い着想も浮かんでくるのだと思う。

投獄と浪人により、第二の人生を歩んでいるつもりだった私に激変が起きたのが、2019年末のことだ。主治医から「腎機能が急速に悪化している。最悪の場合、半年で人工透析になる」と言われた。それから食餌制限と減量で、腎臓の保存療法につとめたが、21年12月末に痙攣と吐き気が強まり(食物中の毒素が排出されないことによって起きる尿毒症)、22年1月から血液透析を週3回、1回4時間ずつ行うことになった。透析の後は、低血圧で起き上がれなくなることが何度もあった。医師からは、余命は8年程度になる可能性もあると宣告された。透析で最期の2~3年、寝たきりになる人もいる。私も、作家活動で残された期間は5年程度と腹を括り、仕事の優先順位をつけた。その結果、私が最も重視しているのはキリスト教神学の紹介と研究だということがわかった。

23年6月に妻がドナーになってくれ、私は東京女子医大病院で生体腎移植の手術を受けた。手術は成功し、腎臓も生着し、正常に機能している。体調も慢性腎不全が悪化する前に戻った。余命も倍以上に延びた。私はプロテスタントのキリスト教徒だ。命は神様から預かったものと思っている。今回、腎移植手術が成功し、寿命が延びたのはドナーとなってくれた妻と東京女子医大の腎移植チームのおかげであると共に神様がこの世でまだ私が行わなくてはならない仕事があると考えているからと、本気で思うようになった。

その仕事のひとつが、前の世代から受けたバトンを次世代に引き渡すことだ。この世界には一級の知性と二級以下の知性がある。一級の知性の持ち主は、新しい何かを創り出すことができる。二級以下の知性は、自ら新しいものやことを創り出すことはできない。私は他の人と比較して、少しだけ記憶力がいい。しかし、知性の形は本質において二級以下だ。ただし、プロテスタント神学者のカール・バルトやヨゼフ・ルクル・フロマートカ、経済学者の宇野弘蔵氏や哲学者の柄谷行人氏の思想を正確に理解し、他の人にわかりやすく説明する通俗化に関して、私には適性がある。ちなみに知的に精緻で洗練されているが、難解な思想を通俗化する能力がインテリジェンス（情報）業務においては、死活的に重要になる。本書『賢人たちのインテリジェンス』は、このような私の通俗化の力の実例なのである。

本書を上梓するにあたっては、（株）ポプラ社の浅井四葉氏、小堀数馬氏、フリーランスの編集者兼ライターの藤崎美穂氏にたいへんにお世話になりました。ありがとうございます。

2024年9月14日、出張先の札幌のホテルにて、

佐藤 優

本書は、フリーマガジン『ＦＩＬＴ』に掲載された「右肩下がりの君たちへ」「生き方さがしの道しるべ」（２０１６年11月～２０２４年５月）に加筆修正を加え、書籍化したものです。なお、各章末の本の紹介は出版社ＨＰ等を参考に作成しました。

カバー写真／浅田 創
カバーデザイン／フロッグキングスタジオ
企画協力／FILT
編集協力／藤崎美穂
校正／麦秋アートセンター
本文DTP／高羽正江

佐藤 優《さとう・まさる》

作家。1960年生まれ、東京都出身。元外務省・主任分析官として情報活動に従事したインテリジェンスの第一人者。“知の怪物”と称されるほどの圧倒的な知識と、そこからうかがえる知性に共感する人が多数。『国家の罠 外務省のラスプーチンと呼ばれて』（新潮社）で第59回毎日出版文化賞特別賞を、『自壊する帝国』（新潮社）で新潮ドキュメント賞、大宅壮一ノンフィクション賞を受賞。第68回菊池寛賞受賞。『読書の技法』（東洋経済新報社）、『勉強法 教養講座「情報分析とは何か」』（KADOKAWA）、『危機の正体 コロナ時代を生き抜く技法』（朝日新聞出版）、『天才たちのインテリジェンス』（ポプラ社）など著書多数。